M. BASILEA SCHLINK: BUSSE – GLÜCKSELIGES LEBEN

M. BASILEA SCHLINK

BUSSE - GLÜCKSELIGES LEBEN

Evangelische Marienschwesternschaft
Darmstadt - Eberstadt

ISBN 3 87209 255 3

1. Auflage 1959
7. Auflage 1984
51. - 55. Tausend

Übersetzt in 23 Sprachen
Herstellung: Druckhaus West GmbH, Stuttgart

INHALTSVERZEICHNIS

EIN BEKENNTNIS

Alles, wovon diese Blätter sagen, ist ein Stück Lebensbekenntnis. Es war in meinem Leben so gegangen, daß ich einige Jahre nur von einer Reue und Buße einst gewußt hatte und dann erst etwas erfuhr von der Köstlichkeit der immer neuen Buße. Davon sagt ein Brief aus dem Jahr 1936 an meine Freundin und Mitarbeiterin. Ihre Geburtstagslosung war in diesem Jahr: „Wo ist ein solcher Gott, wie du bist, der Sünde vergibt!" (Micha 7,18). Ich schrieb ihr darüber: „... Über vieles können wir Gott rühmen und loben, doch kein Jubel auf der Welt ist und wird je größer sein als der über die Gabe Gottes, daß Er Sünden vergibt. Dieser Jubel erschallt nicht nur laut hier auf Erden: Lobe den Herrn, o meine Seele ..., sondern erschallt heute schon weit in den Himmeln: ‚Also ist Freude über einen Sünder, der Buße tut ...' Und wenn dereinst alle anderen Lieder und Lobgesänge über all das, was Gott uns hier in diesem Leben Gutes getan hat, schweigen, dann wird droben von der Gemeinde noch ein Lied angestimmt werden, das Lied vom Lamme, das unsere Sünden hinwegtrug.

Kennen wir beide diesen Klang, gerade diesen Dank: Wo ist ein solcher Gott wie Du, der Sünde vergibt, – oder schweigt er in unseren Gebeten? Doch wie sollten wir dann am Thron des Lammes in Sein Lied miteinstimmen können? So war es bei uns, als wir in das vergangene Jahr hineintraten. Wir kannten den Jubelgesang unserer Losung kaum. Ja damals, nachdem wir Christus gefunden – Du wirst Dich aus der Zeit Deiner Konfirmation und später erinnern, ich erinnere mich aus meiner Bibelschulzeit –, da gehörten zu meinen Lieblingsliedern: ‚Welch Glück ist's, erlöst zu sein' – ‚Es ist ein Born, draus heiliges Blut für arme Sünder quillt ... Auch ich war einst in Sündennot, da half mir Jesu Blut, drum jauchz ich auch bis in den Tod ob dieser Gnadenflut.' Doch dann später, als all die Jahre des Lernens und Wartens, bei Dir des Berufes, kamen, wurde das Herz beschwert von so vielen Dingen dieser Welt, irgendwie abgestumpft und sicher. Das Lied des Lammes verstummte, und das Herz kannte nicht mehr das Jauchzen: Wo ist ein solcher Gott wie Du, der Sünden vergibt! Man hatte sich abgefunden, mit dieser oder jener Gebundenheit seines Charakters nicht fertig zu werden. Man litt nicht mehr so sehr darunter wie einst – und so konnte man auch den Befreier nicht täglich neu erfahren und das Jubellied über die Vergebung und Befreiung von unseren Sünden nicht anstimmen. Wir gingen so immer weiter auf diesem Weg, der uns, ohne daß wir es merkten, weiter ab von Christus führte.

Doch Gottes Gnade suchte uns, auf daß unser Herz wieder das Loblied des Lammes singen könnte und einst an Seinem Tag dabeisein dürfte. Sie ließ uns mit Macht im letzten Jahr unsere Sünden und Gebundenheiten erkennen – beim Arbeiten in diesem Winter und vor allem im Sommer mit X. Das eine hat es uns gezeigt: Wir können nicht vergeben, nicht barmherzig sein, nicht Unrecht leiden, nicht sanftmütig sein – so, wie wir sind, können wir einst nicht auf der Seite der Überwinder stehen, und ohne Heiligung kann niemand den Herrn schauen. Ach, daß Gott uns diese Gnade, dies Größte im letzten Jahr schenkte: daß wir Erkenntnis unserer Sünde bekamen! Keine andere Losung konnte uns zu Deinem Geburtstag geschenkt werden, gerade auf die verlorenen Jahre zurückschauend, als dieser Dankesruf: Wo ist ein Gott, wie Du bist, der Sünde vergibt!

So können wir nun auch in den Dienst gehen – wir konnten es ja vorher eigentlich gar nicht recht, denn ohne diesen Jubelruf im Herzen kann man die frohe Botschaft von der Vergebung aller Sünden gar nicht weitertragen. Da fehlt die Kraft und die Berechtigung zum Dienst,

die nur der hat, dessen Herz jubelt: ‚Alle, alle meine Sünden hat Sein Blut hinweggetan', und der mit leuchtenden Augen auf das Lamm weisen kann, das das Größte und Wunderbarste an uns getan hat. Ist es nicht eine wunderbare Losung dieses Jahr, wie wir kaum eine hatten, denn sie zeigt uns ja nicht nur unsere Sünden, wie wir es im vergangenen Jahr erlebt haben, sondern sie ist als Gottes Wort eine Verheißung, daß dieser Jubelklang: Wo ist ein solcher Gott wie Du! in unserem Herzen aufbricht mit Macht und wir dann mit Freuden (und dann wird unser Dienst gesegnet sein) von diesem Gott, der gnädig, barmherzig ist, der all unsere Sünden in Christo vergibt und uns frei gemacht hat von dem Gesetz der Sünde und des Todes, zeugen können.
Das alte Jahr brachte uns die Erkenntnis all unserer besonderen Gebundenheiten und Gottes Vergeben – das neue Jahr, das wollen wir uns geloben, soll in dem heißen Ringen und Kämpfen um die Überwindung unserer Sünden stehen; denn ‚wen der Sohn frei macht, den macht er recht frei'. Wir wollen nicht lockerlassen, mit ganzem Ernst um den Sieg zu beten und zu kämpfen, und wollen Gott danken für all die Hindernisse, die Er uns in den Weg stellte. Daß wir durch ständiges Lieben lernten, sie zu überspringen, hier Herr der Sünde zu werden! Es ist ja Gnade, daß Gott uns beiden nicht nur unsere

Sünden aufdeckt, sondern nun Gelegenheit gibt, an all den Schwierigkeiten das Siegen und Überwinden Stück für Stück zu lernen. Wir wollen dazu jede Hilfe aus dem Wort Gottes und sonst, die uns in diesem schweren Kampf mit X zum Sieg helfen kann, benützen. Denn um jeden Preis wollen wir nach dem Vergeben Seinen Sieg erleben – koste es, was es wolle, – und dankend bezeugen, wie uns Gott geholfen hat, und Seinen Sieg rühmen ..."

In den Jahren vorher hatte ich nichts mehr von einem Weinen über meine Sünde gewußt. Darum kannte ich auch nicht mehr, wie ich schrieb, den Jubelklang: Wo ist ein solcher Gott wie Du ..., darum wußte ich auch nicht mit Freuden von diesem Gott zu zeugen, war die Freude des Himmels, die doch in Jesus unser Teil sein soll, nicht in meinem Leben. Darum war die Liebe zu Jesus so lau geworden, weil nur reuige Sünder, denen Vergebung geschenkt ist, entbrennen in der Liebe zu Jesus. So kann ich bezeugen, wie arm ein Leben ohne tägliche Reue und Buße ist, wie in solchem Leben der Himmel nicht nahekommt, die Freude es nicht überstrahlt, Anbetung und Lobgesänge nicht aufsteigen, Liebe zu Jesus nicht brennt, Vollmacht im Dienst, Frucht nicht kommen kann.

Nie kann ich Gott genug darüber Dank sagen, daß Er mir aufdeckte: Hier lag die Not meines ganzen inneren Lebens, daß ich keinen Sieg im Sündenkampf hatte, hier lag die Not meines geistlichen Todes. Und Gott, der Gebete erhört, erhörte auch dann mein Gebet, daß die Reue in mein Herz käme. Der Herr machte es auf ganz praktischen Wegen, indem Er mich im Zusammenleben mit Menschen Schiffbruch erleiden ließ, ich nicht fähig war, die, die mir schwer waren, wirklich zu lieben. So überführte Er mich meiner Sünde und ließ hier die Reue aufbrechen.

Als ich dann schmecken durfte, wie aus Reue und Buße Leben und Seligkeit kommen, wurde es mein immer heißeres Flehen, diese köstliche Gabe einer täglichen Reue und Buße zu empfangen, und bald fingen meine Mitarbeiterin und ich an, auch für die Jugendkreise, die wir leiteten, zu flehen, daß auch ihnen die Gnadengabe der Reue und Buße zu einem neuen Erwecktsein gegeben würde. Gott antwortete auf unser Bitten und arbeitete durch die Wortverkündigung an den Herzen der Jugend. Als dann der Schlag Gottes, Sein Gericht in der Vernichtung unserer Stadt im September 1944, kam, brachen Reue und Buße in den Jugendkreisen auf, und tote Herzen wurden erweckt. Und nun können es die, die jene Zeit damals miterlebten, mit uns bezeugen, welche Gnaden Reue und Buße mit sich bringen. In den Monaten, in denen alle Menschen von Angst und Entsetzen gepackt

waren, als die Tiefflieger und immer neue Angriffe uns in Furcht versetzten, die Auflösung des Heeres, der Einzug der Gegner geschah, erlebten wir, daß der Himmel nahe war, besonders als wir mit der Jugend einige Tage zu einer Freizeit mitten unter dem Toben der Kriegsmächte zusammen waren. Ja, es war wirklich so, Freude lag auf den Angesichtern, Anbetung und Liebe zu Jesus hatte die Herzen erfaßt und glückselig gemacht, so daß die Nöte des Krieges versanken vor der Realität des Himmels, der herniedergekommen war. Jesu Wort hatte sich bewahrheitet: „Tut Buße, denn das Himmelreich ist nahe herbeigekommen."
Und später erfuhren wir es dann ähnlich in unserer Marienschwesternschaft, die ja aus jenem Erleben geboren wurde. Gott nahm uns in Seinen Führungen immer aufs neue unter viel Gericht und Züchtigungen, weil Er auf unsere Antwort, unsere Buße und Reue, wartet, um uns darin den Himmel – sich selbst schenken zu können. Wie lange hat Er jedoch oft auf diese Antwort warten müssen! Aber Gottes Geist ließ und läßt uns aus Gnaden keine Ruhe, bis Er dennoch immer wieder neu Reue und Buße gewirkt hat, wozu uns unsere Lichtgemeinschaften auch helfen wollen, bei denen wir mit- und voreinander in Seinem Lichte offenbar werden mit unserer Schuld. Doch dann läßt uns Gott auch im-

mer neu erfahren, wie aus der Reue und Buße Leben und Glückseligkeit aufbrechen, Freude und Lobgesang unsere Abende, an denen wir zu Feiern zusammen sind, ja unser ganzes Leben durchziehen.

Darum Preis und Anbetung dem Herrn, dem Heiligen Geist, der in harten, toten Menschenherzen die Gnade der Reue und Buße erweckt und sie denen gibt, die Ihn darum bitten, ja, der darin das Himmelreich zu uns kommen läßt.

BUSSE – EINE GLÜCKSELIGMACHENDE, WEIL SCHÖPFERISCHE, LEBENWIRKENDE MACHT

Einst rief Johannes der Täufer: „Tut Buße, denn das Himmelreich ist nahe herbeigekommen!" Ist das nicht Evangelium, frohe Botschaft: Buße – das Tor zum Himmel, Buße – das Tor zur Heimkehr zum Vaterherzen? Ja, Buße ist etwas Glückseligmachendes, denn sie treibt uns heim zum Vater, sie bringt uns hin zum Himmel. Sie ist eine Gabe des Heiligen Geistes, der sich herniedersenkt auf ein Menschenherz, das hart und sicher ist, und es in Stücke zerbricht, die der Schöpfergott als Vater in Seine Hand nehmen will, um ein neues Gefäß zu Seiner Ehre daraus zu machen.

Sollte man nach dieser Gabe nicht mehr als nach allen anderen Gaben heischen? Sie ist ein Stück göttliches Leben, wahres Leben, denn dort, wo geweint und gejauchzt werden kann, da ist eine lebendige Seele. Nur ein Toter gibt keine Regung mehr von sich, er ist steif, er bewegt sich nicht mehr, er äußert keine Freude, er weint auch nicht mehr. Doch ein Mensch, der in der Reue und Buße steht, hat die Kennzeichen des Lebens: Er weint über das, was allein beklagenswert ist, weil es unser und aller Menschen Verderben in sich trägt, weil es den Tod und furchtbares Gericht mit sich bringt und grauenhafte Folgen schon hier und für Ewigkeiten haben wird – er weint über die Sünde. Im Schmerz über die Sünde weint er nicht mehr über etwas, was nicht wert wäre, beklagt zu werden, weil es an diesem Schmerz gemessen eine kleine Sache, eine vorübergehende Not ist. Wer sich über Nöte, die vergänglich sind, zu sehr aufregt und weint, der verfällt einer Traurigkeit, die zum Tode führt (2. Kor. 7,10). Doch wen die Buße zum Weinen bringt über das, was so große und furchtbare Folgen hat, was ein wahres Unglück ist, der weint recht.

Darum sind bußfertige Menschen die wirklich echten und wahrhaftigen, die nüchternen Menschen. Sie beklagen rechtzeitig, was die anderen, die solches versäumen, Ewigkeiten lang beklagen müssen: ihre Sünden. Sie beklagen zur rechten Zeit, auf daß darauf Umkehr und ein neues und anderes Leben folgen kann.

Ja, die Bußfertigen sind die wirklich lebendigen Menschen, denn aus ihrem Herzen kommt dann nach solchem Weinen über die Sünde ein Jauchzen, ein Freuen und Singen wie nie aus einem anderen Herzen: die Freude der Vergebung, der keine andere Freude gleicht an Tiefe und Höhe,–

das Jauchzen der Erlösung, das mit keinem anderen Glück zu vergleichen ist. Schon für einen Menschen, der lange in Ketten gefangen, gebunden war, ist es eine Stunde zum Freuen und Jauchzen, wenn er erlöst wird, – und doch geht es dabei um eine Gefangenschaft, die nur für etliche Jahre galt, und auch um eine Erlösung, die zeitgebunden ist. Hier aber folgt eine Erlösung aus einer Gefangenschaft unter dem Fürsten dieser Welt und der Höllenreiche, die bis in die Ewigkeiten gegolten hätte und aus der kein Mensch je hätte heraushelfen können. Und nun ist solche Befreiung von einer ganz anderen Seite her geschehen, da der Eine vom Himmel herniedergekommen ist und Mensch geworden, sich für uns hat gefangennehmen, binden und zum Tode verurteilen lassen an unserer Statt, auf daß wir frei ausgingen. Sollte das nicht zu einem Jauchzen bringen, wie es eine Menschenseele vorher noch nie gekannt hat! An dieser Freude, an diesem Leben lassen uns einzig die Reue und Buße teilhaben, da sie uns unsere Gefangenschaft schmecken, unseren Tod erkennen lassen und uns dem Befreier und lebendigmachenden Herrn in die Arme treiben.
Darum: Menschen, die die Buße nicht erlebt haben, und seien sie noch so fromm und gläubig, sind tot, wie unser Herr Jesus im Sendschreiben an die Gemeinde in Sardes spricht: „Du hast den

Namen, daß du lebest, aber du bist tot!" (Offb. 3,1). Leben heißt in der Buße stehen. Tot sind die Christen, die noch nie oder lange Zeit nicht mehr über ihre Sünde geweint haben. Tot sind die in Gottes Augen, die nicht mehr voller Freude, Jauchzen und Glückseligkeit über die Vergebung Gottes sein können. Wo uns das fehlt, obwohl wir uns gläubig nennen, stimmt etwas in unserem Leben nicht. Denn so wahr wir immer wieder sündigen und immer wieder neu der Vergebung bedürfen, so wahr müßte immer wieder neu die Buße in unser Herz einkehren. Ja, Reue und Buße müssen unser Lebenselement sein, oder unser ganzes Christsein ist auf einer schiefen Ebene, und wir werden zu diesen „stolzen Heiligen", von denen Zephanja sagt, daß sie einst unter schweres Gericht fallen (Zeph. 3,11).

Buße muß auch darum unser Lebenselement sein, weil diese Haltung allein Gott gegenüber der Wahrheit entspricht. Denn können wir Gott, dem Heiligen, gegenüber einen anderen Platz einnehmen, als vor Ihm zu liegen als zerbrochene Sünder, weil wir Sünder sind, die täglich wieder neu an Ihm schuldig werden? Buße muß weiter unser Lebenselement sein, weil wir täglich schuldig werden an unserem Nächsten. Wahrlich, es ist keiner unter uns, der in der völligen Liebe stünde. Müßten wir darum nicht auch zerbrochenen Herzens vor dem anderen liegen, mit dem wir zusammenleben, arbeiten und der uns vielleicht vielerlei Not bringt, aber an dem wir immer wieder schuldig werden, weil wir ihn dann nicht in der Liebe tragen und ihm nicht zurechthelfen?

„Tut Buße!" – dazu ruft uns die Schrift, ruft uns Jesus selbst immer wieder auf. Und es war der Ruf Martin Luthers, daß das Leben der Christen eine tägliche Reue und Buße sein sollte, denn er kämpfte gegen alles unechte, tote Christsein, gegen alles sichere und hohe Wesen, mit dem wir Gott gegenüberzutreten wagen und wobei alles göttliche Leben in uns erstirbt. Ahnen wir, wie sehr es dem Herrn Jesus daran liegt, daß wir in der bußfertigen Haltung stehen und so den Zugang zum Leben haben? Sonst spräche Er nicht das schwerste Gerichtsurteil über Seine neutestamentlichen Gemeinden aus im Angesicht der Unbußfertigkeit: „Du sprichst: Ich bin reich und habe gar satt und bedarf nichts! und weißt nicht, daß du bist elend und jämmerlich, arm, blind und bloß ... Weil du aber lau bist – weder kalt noch warm –, werde ich dich ausspeien aus meinem Munde" (Offb. 3,16-17).

Gilt nicht dieses Wort auch heute? Wenn ich meine, bei mir oder in meiner Gemeinde sei alles in Ordnung, wenn ich mich darauf stelle, in meinem Verhältnis zu diesem oder jenem, der mir Not macht, sei von meiner Seite aus doch alles richtig und hätte ich getan, was recht und nötig ist, dann stehe ich schon in der Sicherheit, die das Gegenteil von Buße ist, und sage damit aus, daß das Leben, nämlich Jesus selbst, der in der Vergebung zu mir kommt, keinen Raum bei mir hat. Gerade diesen Sicheren und Satten ruft Jesus in den Sendschreiben das Wort zu: „Tut Buße!" Ja, Er bittet uns: Kehret um von dieser Haltung, die den Gläubigen das Verderben bringt. Nur wer darin überwindet, der wird einst im Buch des Lebens nicht ausgetilgt werden (Offb. 3,2-5). Nur die Buße errettet vom Tod und führt zum ewigen Leben, läßt schon hier etwas von diesem Leben schmecken.

Und nur Leben kann Leben entzünden. Tote können kein Leben weitergeben, weil in ihnen kein Leben ist. Sie können nicht durch Taten anderen etwas bezeugen, sie sind eben tot. Wer nicht in der Buße steht, also zu den geistlich Toten gehört, kann darum keinen Menschen zum Leben erwecken. Doch die Bußfertigen sind voll des Lebens, des göttlichen Lebens, und darum entzünden sie andere zum Leben. Wo ein Mensch Buße tut, braucht er darum kaum ein Wort zu sprechen, er braucht andere nicht viel anzupredigen, sondern wenn er mit zerbrochenem Herzen vor Gott und vor Menschen liegt und das eine Wort spricht: „Ich habe gesündigt, ich bin schuldig", so hat dieses Wort eine Lebenskraft in sich, die felsenharte Herzen sprengen und Tote zum Leben erwecken kann. Dies Wort, das der verlorene Sohn weinend sprach, vermag nicht nur des Vaters Herz zu überströmender Liebe zu dem zu bewegen, der so vor Ihm liegt, sondern dieses Wort, auch vor Menschen gesprochen, wo Sünde bekannt, Schuld zugegeben wird, schließt das Herz dessen, den wir so um Vergebung bitten, auf. Reuetränen werden selbst harte Herzen aufweichen, wenn es auch einmal kürzer und ein anderes Mal länger dauert, bis es geschieht. Reue und Buße werden uns und andere verwandeln, Leben und Liebe geboren werden lassen.

Welche schöpferische, lebenwirkende Macht ist in die Buße gelegt! Darum fordert unser Herr Jesus die Gemeinden Seiner Gläubigen so viel in den Sendschreiben dazu auf, darum ruft an Pfingsten der Apostel Petrus zu dem einen auf: Buße zu tun, weil dies der Weg ist, daß das Leben anbricht, daß der Heilige Geist zu uns kommt, weil in der Buße das Himmelreich nahekommt.

BUSSE BRINGT HIMMELREICH, SCHON HIER AUF ERDEN

„Tut Buße, denn das Himmelreich ist nahe herbeigekommen!" Ist es nicht das, was wir alle, was die Gemeinde ersehnt, daß ein Stück Himmelreich herbeikäme und unter uns Gestalt annähme? Himmelreich – das heißt Freude und Frieden, das heißt, daß Liebe untereinander herrscht und damit Glückseligkeit, weil Jesus wirklich unter uns ist.

Doch wo findet man solch eine Gemeinde, solch ein christliches Werk? Da müßte dann unter den Mitarbeitern Liebe und völlige Einheit herrschen und der Geist der Anbetung lebendig sein, man müßte erleben, wie die Freude auf allen Angesichtern liegt. Ja da, wo etwas vom Himmel aufstrahlt, würde es die Menschen, und selbst solche, die nichts mehr von der Kirche wissen wollen, hinziehen, denn jeder möchte ein wenig vom Himmel hier auf der armen Erde erleben, weil jeder Mensch, selbst der gottloseste, nach Freude, Liebe und Frieden hungert. Er hungert nach diesem Stück Himmelreich. Hier

klingt in jedem Menschenherzen eine Saite an, denn alle Menschen gehören zu Adams Kindern, ausgetrieben aus dem Paradies, die in sich die Sehnsucht nach diesem verlorenen Paradies tragen. Wo sie Himmelreich, wo sie einen Strahl des Paradieses hier auf Erden wiederfinden, werden sie angezogen, und da werden sie am ersten wieder glauben lernen an Jesus, der der Herr des Himmelreiches ist, der ja selber allein das darstellt, was das Himmelreich ausmacht: Frieden, Liebe und Freude – alles, wonach der Mensch sich sehnt.
Welche Not, daß wir Christen in den Gemeinden, in den christlichen Werken, Bruder- und Schwesternschaften dies Stück Himmelreich nicht darstellen, obwohl unser Herr Jesus damals gesagt hat, daß das Himmelreich mit Ihm zu uns gekommen sei. Welche Not, daß wir so wenige Menschen mit unserem Predigen von der Liebe und Herrlichkeit Jesu Christi überzeugen, weil wir ihnen das Himmelreich nicht bringen, nicht darstellen, weil sie keine Stätte finden, wo sie in ein Stück Himmelreich eintreten können und schmecken, wie freundlich der Herr ist. Jesus aber, der nur deswegen gekommen ist, wie Er bei Seiner Antrittspredigt sagte, daß nun das Himmelreich anbräche, wartet darauf, daß es unter uns erstehe. Darum ist Er den bitteren Weg zum Tod gegangen, nicht nur, um uns dro-

ben den Himmel aufzuschließen, nein, Seine Erlösung gilt uns hier auf Erden, damit wir hier zu Erlösten werden. Und wo Erlöste zusammen sind, bricht etwas vom Himmelreich auf, denn sie stellen es dar als Menschen, in denen Liebe, Frieden und Freude, Versöhnlichkeit, Güte und Sanftmut lebt.

Ja, Gott wartet darauf und die Welt schreit darnach, daß etwas vom Himmelreich offenbar würde bei uns Christen. Wenn Gott ruft: „Das Himmelreich ist nahe herbeigekommen" – sollte es dann nirgends zu sehen sein, wo es in Jesus selbst nahegekommen ist, uns angeboten wird und das der Grund Seines Kommens zu uns war, daß der Himmel auf die Erde getragen würde? Denn wo Jesus, der Herr des Himmels, erschien, war ein Stück Himmel auf Erden angebrochen. Wer mit Jesus zusammensein durfte, schmeckte etwas vom Himmel, er schmeckte von der Liebe des Vaters, von der Güte und Freundlichkeit, von der Fürsorge seines Gottes; er schmeckte das Vergeben des Vaters, ein Geliebtwerden, das alle Wunden der Seele heilen ließ; er schmeckte eine Glückseligkeit, die Sündern, die zum Heiland kommen, gegeben wird. Ja, das Jauchzen und Frohlocken brach bei denen an, die Jesus schauen und holdselige Worte aus Seinem Munde hören durften und zu denen sich Seine Liebe neigte.

Doch da das Haupt, Jesus Christus, gen Himmel gefahren ist, blieb der Leib, Seine Gemeinde, hier. Und dieser Leib sollte wiederum den Menschen den Himmel bringen, so daß sie bei der Berührung mit Seinen Gliedern genesen an Leib und Seele, zum Frohlocken kommen, zum Getröstetwerden, zur Heilung ihrer Wunden. Sie sollten geliebt werden mit erbarmender, vergebender, tragender, leutseliger Liebe, wo sie mit Gliedern Seines Leibes zusammenkommen, und in diesem Geliebtwerden ein Stück Himmel schmecken.

Das Himmelreich ist nahe herbeigekommen – so konnte Jesus sagen, als Er auf Erden erschien. Er sagt es nun auch von Seiner Gemeinde – doch wir fragen noch einmal: Wo ist es nahe herbeigekommen? Wo können wir sagen: Gehen Sie in dies Haus oder in diese Gemeinde, und Sie werden ein fröhlicher Mensch, Sie werden geheilt von den Schmerzen Ihrer Seele, Sie werden so mit Liebe umgeben werden, daß Sie wie neu geboren sind. Sie werden Freude die Fülle schmecken, wenn Sie in diesen Kreis kommen, denn etwas von der ewigen Freude ist dort spürbar. – Ist nicht in den Gemeinden das Gegenteil zu finden und darum keine Anziehungskraft für die, die Jesus noch nicht kennen? Ach, es ist beinahe zu verstehen, daß die Massen der Menschen, Gottes Geschöpfe, nach Freude hungernd, sonntags lieber hinausgehen in die Wälder, in die Gärten. Dort, in Gottes Schöpfung, erleben sie etwas von Fröhlichkeit, von Schönheit, die die Natur widerstrahlt, die ihnen Freude gibt, nach der jedes Menschen Herz verlangt. Wenn sie in die Gemeinde, in die Gottesdienste gehen, wird ihr Herz oft nicht von Freude berührt, weil sie auf den Angesichtern diese Freude nicht sehen und so hier keinen Strahl Gottes finden wie draußen in der Natur. Wo tönt ihnen in den Gemeinden fröhlicher Gesang entgegen, bei dem sie spüren, daß das Herz mitklingt, so daß ihr Herz auch mitgerissen wird zur Freude in ihrem Herrn Jesus Christus?

Wo sind die Menschen der Gemeinde, die kindlich und einfältig sind, bei denen Jesu Wort wahr geworden ist: daß denen, die wie die Kinder werden, das Himmelreich gehört und bei ihnen darum auch etwas vom Himmelreich zu schmekken und zu finden ist (Matth. 18,3)? Ja, wo sind die kindlichen Seelen in der Gemeinde Gottes, die Anziehungskraft auch für Fernstehende haben, die dann in diesem Lichte der kindlichen Freude mit froh werden könnten? Weithin ist doch unser ganzes Christsein so vom Verstand geprägt, so steif, so unkindlich, darum so unfroh. Und das ist die Klage Gottes, daß Seine Gemeinden, die doch wahrlich mehr als Seine Schöpfung etwas vom Himmelreich ausstrahlen sollten durch

ein Leben der Freude, Kindlichkeit und Leutseligkeit, dies nicht tun und darum Seine Menschenkinder, die Ihn noch nicht kennen, nicht anlocken können.
Ach, wer ahnt den Schmerz Gottes über das, was wir Ihm damit ständig antun? Oder, in menschlichen Worten ausgedrückt, deren sich die Heilige Schrift auch immer wieder bedient, um uns das Herz Gottes zu schildern: Wie ist Gott immer wieder enttäuscht von uns, und gerade von den Seinen enttäuscht, daß sie Ihn nicht darstellen, die Er doch mit dem Blut Seines Sohnes erkauft hat zu Erlösten, daß sie so Seine wahren Zeugen seien, die Menschen zu Ihm bringen könnten. Welch ein Schmerz Gottes, daß es hier auch heißt: Die Steine, die Natur, sie werden predigen, weil wir, Seine Gemeinde, schweigen, nicht Seine Erlösungsfreude ausstrahlen und keine rechten Rufer Gottes sind.
Und nun kommt die große Frage: Warum ist so wenig Reich Gottes, Himmelreich, unter uns, so daß die Welt nicht genesen kann, die Menschen nicht angezogen werden, so daß Seelen und Leiber nicht geheilt, Traurige nicht getröstet werden – warum?
Zwei Worte sind es, die das Himmelreich einleiten, die zwei Worte: „Tut Buße!" – ein Ruf gar mächtig wie Donnerschläge, ein Ruf, so scheint es, unüberhörbar, so klar und eindeutig, ein Ruf,

der uns Menschenkinder, die wir Sünder sind, angeht. Ja, nicht nur ein Ruf, sondern der Ruf der Schrift. Wer auf diesen Ruf nicht hört, wird weder Himmelreich noch eine Gabe und Gnade Gottes – selbst nicht die der Vergebung – bekommen. Es ist ein heiliges Gesetz der Schrift, daß sich Gott mit Seinen Gnaden, daß das Himmelreich sich nur da herniederneigt, wo eine gedemütigte Seele ist, wo also ein Sünder ist, der Buße tut. Anderen bleibt das Himmelreich verschlossen. Denn das Reich Gottes, das Himmelreich, ist das Reich voll der Gnaden – und Gnade wird nur dem zuteil, der als Sünder zu Jesu Füßen liegt voller Reue und Buße.

Darum wird das erste, was das Himmelreich in sich schließt, die Freude, die große Freude, durch Reue und Buße ausgelöst. Buße ist das Tor, durch das dem Evangelium Bahn gemacht wird, zu uns zu kommen. Buße ist der Eingang zum glückseligen Leben mit Christus; denn Buße ist die Voraussetzung, um Vergebung zu erlangen, und wo Vergebung ausgesprochen wird, ist Heil und Seligkeit. Reue und Buße tragen in sich größte Seligkeit, die Beseligung, begnadigt zu werden, nachdem man eigentlich verdammt ist für Zeit und Ewigkeit. Reue und Buße tragen in sich die Glückseligkeit, daß Gott einen wieder als Kind annimmt: „Dir sind deine Sünden vergeben." Ja, Buße bringt die Glückseligkeit des Himmels mit sich, daß der Vater solch einen Sohn, der reumütig heimkehrt, ans Herz nimmt, daß Er solch ein reumütiges Kind nicht nur in Seine Arme schließt, sondern es herrlich kleidet mit dem Kleid der Gerechtigkeit, mit dem Ring der Liebe, mit schönsten Kleinodien, mit denen es einst strahlen darf im Himmel. Die Bußfertigen sind die Reichen, sind die Beschenkten und Begnadigten, gerade weil sie die Armen, die Allerärmsten sind, die kein Recht mehr anzumelden haben, weder bei Gott noch bei Menschen. Sie liegen als die Armseligen, weil sie alles vertan haben, weil sie schuldig geworden sind, vor Gott und Menschen und sind angewiesen auf einen Gnadenblick, auf ein Geschenk, das Geschenk der Vergebung, die man ihnen ausspricht.

Was macht aber froher, glückseliger, als wenn ein Verurteilter das Wort der Begnadigung ausgesprochen bekommt? Das läßt hüpfen, singen und springen. Und so ist das Himmelreich also nahegekommen. Ja, das Himmelreich, das Reich, wo gejauchzt und gesungen wird, bricht eben nur in einem Herzen an, das der Vergebung teilhaftig geworden ist.

Doch weiter ist das Himmelreich das Reich des Liebens. Wir können aber nur lieben, wenn Er uns zuerst liebt, und Gott liebt die reumütigen Sünderherzen. Denn Jesus ist nicht gekommen zu den Gerechten, sondern zu den Sündern, zu solchen, die voller Reue und Buße zu Ihm, dem Heiland, kommen, um sich von Ihm die Vergebung schenken und sich zurechtlieben zu lassen; in dieser Liebe, die den Tod für sie geschmeckt hat und am Kreuz die Vergebung aussprach, genesen sie. Solche zerbrochene Sünderherzen haben nur ein Verlangen: aus Dank den wiederzulieben, der sie also geliebt hat, weil sie so überwältigt sind, daß Er ihre Sünden getragen und hinweggetragen hat. Empfangene Vergebung macht das Herz so voller Seligkeit, daß es nicht anders kann, als verschwenderisch zu lieben, als nun das Leben dem zu schenken, der Sein Leben für uns gegeben, uns aus dem Gefängnis entrissen hat, es Ihm immerdar zu danken und Ihm wohlzutun mit allen unseren Kräften und Gaben. Das aber macht den Himmel aus, nur noch um Jesus zu kreisen, Ihn über alles zu lieben.

So lassen uns Reue und Buße wahrlich Himmelreich voller Gnaden und Segen schmecken, weil sie das Schönste und Wunderbarste mit sich bringen, nämlich die verschwenderische Liebe. Sehnt sich doch ein Christ nach nichts so sehr wie nach der Liebe zu Jesus. Wie viele Menschen haben schon geseufzt: Könnte ich Jesus doch recht von Herzen lieben! Sie spüren: Dann wäre mein Leben sinnerfüllt, dann hätte ich volle Genüge, dann würde ich dem entsprechen,

was Jesus sich von mir ersehnt, daß Seine Liebe die Gegenliebe fände. Dann würde mein Leben reich, denn wenn ich liebe, bin ich reich; dann würde mein Leben glückselig.
Und nun, welch freudenreiche Botschaft: Die Buße ist der Weg, der uns zu dieser verschwenderischen, innigen Jesusliebe führt, und darum ist sie gnadenreich, weil sie solche große Gnaden mit sich bringt. Wir sehen es bei der großen Sünderin: Sie hatte Jesus wahrlich nichts zu bringen als ihre Sünde, denn was hatte sie Gott und Menschen angetan! Und dennoch ist ihr Leben so reich geworden in der großen Liebe, die ihr die Buße gebracht hat, ein Vorbild für alle. Ja wahrlich, „tut Buße", das ist das Tor, dadurch wir eingehen zum Reich der Liebe, zum Himmelreich. Durch kein anderes Tor werden wir eingehen und wird hier zu uns das Himmelreich kommen, werden wir hier darin leben können.
Doch ist es nicht so, daß alle, die sich zu Jesus Christus als ihrem Erlöser bekennen, einmal als reuige Sünder zu Seines Kreuzes Fuß niedergesunken sind, Vergebung erlangt haben und damit in Gottes Reich eingingen? Und dennoch ist kein Himmelreich zu finden in den Gemeinden und Kreisen, darin sie sind. Solange wir noch nicht droben im Himmel sind, gilt hier auf Erden das Gesetz, daß keiner das Reich Gottes mit dem Tag seiner Wiedergeburt, Bekehrung oder Taufe

für immer unverlierbar gepachtet hätte. In wie vielen Worten und Beispielen weiß die Schrift davon zu sagen, daß man Gnade, die man erlangt hat, wieder verlieren kann – siehe Schalksknecht –, schon im nächsten Augenblick, wenn man seinem Bruder nicht vergibt, Bitteres in seinem Herzen festhält oder unbarmherzig ist. Und wer wäre das nicht immer wieder neu? Darum gibt es hier nur einen Weg, wieder unter die Gnade zu kommen und dem Himmelreich Raum zu machen, wenn wir sofort mit unserer Sünde in Reue und Buße zum Herrn kommen und, wo es nötig ist, zu Menschen.

Dort, wo also immer und immer wieder neu Reue und Buße zu finden ist, wird Jesus Christus immer neu herbeigelockt, so daß Er mitten unter uns tritt und mit Ihm das Himmelreich, das da ist, wo Er ist. Wie der Schächer als einer, der angesichts seiner Strafe bekannte: „Wir empfangen, was unsere Taten wert sind" (Luk. 23,41), Jesus um Gnade bat und Jesus ihm zusagte, daß er bei Ihm im Paradies sein dürfte, so ist es hier auf Erden: Die allezeit wie Schächer zu Jesus treten, denen schenkt Er das Paradies, die dürfen hier auf Erden schon mit Ihm Paradies erleben; denn das Reich Gottes ist nahe herbeigekommen, wo Sünder Buße tun.

BUSSE – DER RUF GOTTES AN DIE GEMEINDE UM DER ERRETTUNG UNSERES VOLKES WILLEN

„Tut Buße!" – wer hört diesen Ruf? Es ist, als ob Jesus heute durch die Lande und die christlichen Gemeinden geht und mit mächtiger Stimme an die Herzen klopft, wartend, daß es einer höre. Dieser Ruf gilt zuerst der Gemeinde, nicht der Welt, denn das Gericht fängt an am Hause Gottes (1. Petr. 4,17). Doch es ist die Frage: Nehmen wir überhaupt noch Gottes Züchtigen und Richten bei uns wahr? Wenn wir das täten, würde unsere Reaktion Umkehr, immer neue Umkehr sein. Denn wenn Gott richtet, wartet Er auf Antwort, auf unsere Buße. Es geht also nicht nur darum, daß wir auf die Buße der Gottfernen warten, z. B. durch die Evangelisationen – so sehr wir auch dafür beten sollen. Nein, vor allem geht es heute darum, daß die Gemeinde Buße tut.

Wie sehr haben wir als Gemeinde Grund dazu, denn bis in unsere innersten Lebensbezirke hinein haben wir uns immer wieder gegen den Geist Gottes verhärtet. Jesu letzte Bitte, untereinander eins zu sein, haben wir beantwortet mit Zertrennung, Haß und gegenseitigem Aburteilen. Und wenn auch das Konzil ein neues Verhältnis der großen Konfessionen zueinander gebracht hat – wieviel Aburteilen, Kritisieren, Gegeneinander, Streiten und Rechten, unbrüderliches Verhalten und Maueraufrichten lassen wir immer noch zwischen unseren verschiedenen christlichen Kreisen bestehen, während der Feind schon mit all seinen Heeren zum Endkampf angetreten ist und auf der Gegenseite die verschiedensten Gruppen in der antichristlichen Front sich einen. Darum brauchen wir in unserer Zeit nichts so sehr wie die innere Einheit, um stark zu sein und gegen die Anläufe des Feindes zu bestehen. Um zur Einheit der Liebe zu kommen, wie Jesus sie für die Seinen erfleht hat, damit sie ein Zeichen seien, gibt es nur einen Weg, den Weg der Reue und Buße. Nie wird die große Not der Zerrissenheit zu Ende zu bringen sein, es sei denn, daß jeder von uns in seinem Kreis, in seiner Konfession anfängt, für sich selbst Buße zu tun, indem man hörend wird für das, was die andere Seite einem vorwirft.

Uns fehlt also die Buße – die Buße über die offenbare schwere Sünde im Leben der Gemeinde Gottes, die Zerrissenheit des Leibes Jesu Christi. Die Buße würde auch diesen Todeszustand der Lieblosigkeit hinwegfegen, denn immer aus Bu-

ße wird neues Leben geboren. Wo Buße ist, da ist Seligkeit und Leben, so sagt Martin Luther. Darum fehlt uns in unserer Zeit vor allem: nicht bessere oder zeitgemäße Predigten, nicht dieses oder jenes an organisatorischen Möglichkeiten und ökumenischen Tagungen, so nötig sie auch sind, sondern die Gnade der Buße über das Fehlen der Liebe, über das Richten und gegenseitige Aburteilen. Die Buße ist teuer geworden, ist kaum zu finden. Bei Evangelisationen wissen wir noch davon, daß Menschen, die von der Straße kommen und ferne von Gott waren, hier zur Buße, zur Umkehr kommen und heimfinden zu Jesus. Wo wissen wir aber in den Kirchgemeinden und Gemeinschaften davon, daß unser aller Leben ein tägliches Heimkehren zu Jesus sein sollte, ein tägliches Zusammensinken unter dem Kreuz mit unserer Schuld, besonders darüber, daß wir uns als Glieder an einem Leib, dessen Haupt Jesus ist, bekriegen und beneiden und damit an Jesus selbst versündigen?
So lastet diese Schuld schwer auf der Gemeinde und beschwört das Gericht Gottes herauf. Doch noch weitere schwere Schuld liegt auf ihr, die Schuld unseres Volkes an Israel, Gottes auserwähltem Volk. Sechs Millionen Juden wurden umgebracht, um deretwillen Gottes Zorn auf uns liegt – und diese Schuld lastet sonderlich auf der Gemeinde. Denn als das grauenhafte

Verbrechen geschah: daß Millionen von Juden durch deutsche Menschen unter unvorstellbarem Grauen gemartert und getötet wurden, nachdem zuerst alle ihre Gotteshäuser niedergebrannt worden waren, hat die christliche Gemeinde geschwiegen. Sie ist nicht aufgestanden, wie man es in Dänemark tat und sich gegen das Unrecht wehrte. Sie suchte – abgesehen von einzelnen, die halfen – nicht Wege als christliche Gesamtgemeinde, den Juden um jeden Preis zu helfen. So ließ man auch nicht die Glocken läuten in der Nacht, als die Synagogen niederbrannten.

Die Gemeinde Gottes gab kein Zeichen von sich – ein Anzeichen, daß sie tot war. Wir schwiegen, machten uns mitschuldig und hatten darum auch teil an dem Strafgericht, das später über unser Volk kam, als unsere Kirchen zerstört wurden, als deutsche Menschen zu Tausenden unter den Bombenangriffen umkamen, als Flüchtlinge über die Straßen zogen und der Eiserne Vorhang unser Land zertrennte.

Wir haben gesündigt, doch wo ist die Buße in der christlichen Gemeinde? Denn von ihr erwartet der Herr, daß sie erkennt, was sie getan hat, nämlich daß unser Volk, dessen Glieder wir sind, an dem Augapfel Gottes selber sich versündigt hat und wir an dem, der „unter die Räuber gefallen war", vorbeigegangen sind und nicht als

barmherzige Samariter, als Jünger Jesu gehandelt haben.
Jahre bedurfte es, bis allmählich etwas davon in der Gemeinde Jesu erkannt wurde. So lange haben wir gebraucht, um ein wenig in die Reue zu kommen und von daher in eine neue Haltung der Liebe zu Israel, Gottes Volk. Und doch steht alles, was dann an Versuchen geschah, ein Zeichen der Buße, der Wiedergutmachung zu geben, in keinem Verhältnis zu dem, was an Schuld auf uns lastet. Bis heute werden außerdem noch solche Stimmen unter uns laut: Damit haben wir doch nichts zu tun gehabt, das war Adolf Hitler, das war die SS. Wir haben unsere Hände nicht im Spiel gehabt, wir können das nicht als unsere Schuld buchen!
So haben wir uns als Gemeinde Jesu Christi dem allem ganz nüchtern zu stellen, was bei uns zu finden ist: Zerrissenheit und Schuldigwerden an der Liebe – Unbußfertigkeit im Blick auf unsere Schuld an Israel – Stumpfheit des Herzens und pharisäische Sicherheit. Doch darüber hinaus fügt die Gemeinde Gott das größte Leid zu, indem in ihren Reihen der lebendige Gott zu einem toten erklärt wurde. Daran sind wir alle indirekt beteiligt, weil wir mit unserem Leben weithin einen toten Gott demonstriert haben.
Denn wir müssen ganz klar sehen: Wenn heute dieser Ruf „Gott ist tot" durch die Lande geht,

so handelt es sich dabei nicht um eine intellektuelle Schwierigkeit. Nicht darum wird Gott für tot erklärt, weil der moderne Mensch für Ihn in seiner Vorstellungswelt keinen Platz mehr finden kann – sondern weil wir bis hinein in unsere Christenheit „tot in Sünde" sind, darum wird heute proklamiert: „Gott ist tot". Mit unserem praktischen Verhalten, indem wir uns nicht mehr zu unserem Versagen, unserer Sünde stellen wollen, haben wir Christen – ohne es uns vielleicht bewußt zu machen – Gott „für tot erklärt". Denn wenn wir vor Gott und Menschen keine Sünder mehr sein wollen, die Buße tun, brauchen wir auch keinen lebendigen Erlöser. Dann können wir uns schließlich keinen Begriff mehr bilden von dem lebendigen Gott, der voller Heiligkeit ist.

So werden auch Gebote Gottes, Seine heiligen Willenserklärungen, in der Gemeinde heute weithin für „tot", d. h. für nicht mehr gültig erklärt – mit einer scheinbar theologischen Beweisführung. Damit hat man der Todeserklärung Gottes das Siegel aufgesetzt. Wir haben uns dem Zeitgeist angeglichen, anstatt aufzustehen gegen die bösen Parolen: Gesetze, Gebote, unsere Ethik müssen sich ändern und richten nach den Vorstellungen und Bedürfnissen des modernen Menschen. Wer von uns tut Buße über all diese Lästerung Gottes mitten in Seiner Gemeinde?

Fremd ist der Geist der Reue und Buße weithin unter uns geworden. Buße würde ja bedeuten, daß wir umkehren zu Gott. Stattdessen beanspruchen wir, daß Gott sich nach unseren modernen Ansprüchen richtet. Weil der Geist der Reue und Buße fehlt, haben Gottesdienste, Evangelisationen und Veranstaltungen so wenig Vollmacht und können keine Tränen der Reue bei den Zuhörern wirken. Wie sehr haben wir uns als Gemeinde Gottes verhärtet und wollen nicht mehr sehen, was Sünde ist, was Mißachtung der Gebote Gottes, Verunehrung und Lästerung Gottes ist. Wir sehen auch nicht, daß – wenn Gott selbst in der Gemeinde als tot erklärt wird und Seinen Geboten die Verbindlichkeit aberkannt wird – dies erfüllte Zeichen der Zeit sind, von denen Jesus sagt, wir sollten auf sie achten. Wir sehen darum auch nicht, daß die Folge unseres Angleichens oder stumpfen und gleichgültigen Hinnehmens der aufgebrochenen Rebellion gegen Gott und Seine Gebote ein Fördern dessen ist, was Einbruch der Finsternis in letzter Zeit bedeutet.
Die wachsende Gesetzlosigkeit und das Erkalten der Liebe – Zeichen, die Jesus so klar für die Endzeit genannt hat (Matth. 24,12), werden in der Gemeinde verharmlost, obgleich sie heute mit nie dagewesenen Tatsachen und Beispielen zu belegen sind. Denken wir nur an den ungeheu-

erlichen Verbrechenszuwachs in den letzten Jahren, an die Glorifizierung von Brutalität und perverser Sexualität, an das Überhandnehmen der Süchte, die Millionen erfaßt haben, an das unheimliche Anwachsen der finsteren Mächte in Okkultismus und Spiritismus, bis hin zu buchstäblichen Satanskulten. *

Und das alles spielt sich in sogenannten christlichen Völkern ab, ja vornehmlich bei ihnen, in ihrer Mitte, in ihren Kirchgemeinden. Wem ist das Aufruf zum Beten, Fasten, zur Umkehr? Ninive, einer heidnischen Stadt, war Zerstörung prophezeit, so sie nicht Buße täte. Sie tat Buße. Und wirklich hat ihre Umkehr sie gerettet. Wieviel mehr müßte heute Buße geschehen in der Gemeinde, ein Fasten und Beten einsetzen, damit nicht ein ungeheures Gericht auf uns herniedergeht, im Maß unseres ungeheueren Frevels.

Heute gilt uns das Wort aus Joel 2,15: „Stoßt in die Posaune! Ordnet ein heiliges Fasten an! Ruft einen allgemeinen Bettag aus." Aus Liebe zu Jesus, den das Verheertwerden Seiner Menschheit und Seiner Gemeinde jammert – aus Liebe zu den Menschen „reißt sie aus dem Feuer!" (Judas 23). Hier ist es nicht mehr mit einem tra-

* Beispiele zu dieser Entwicklung in den Schriften der Reihe „Wort zur Stunde" im gleichen Verlag

ditionsmäßigem Gebet getan. Hier geht es um ein Beten, das zu einem Weinen und Schreien geworden ist: Herr, verschone Dein Volk und gib Dein Eigentumsvolk nicht der Schande preis, Deine neutestamentliche Gemeinde, die Götzen die Ehre gibt und Dich selber verleugnet und verunehrt, so daß die Völker und Nichtchristen spotten: Wo ist nun ihr Gott? Damals geschah es: Die Diener des Herrn und das Volk taten Buße, sie gingen ein in ein Weinen und Beten. Und Gottes Antwort war: „Da geriet der Herr in Eifer um Sein Land und hatte Erbarmen mit seinem Volk." Lassen wir Gott nicht vergeblich warten auf unser Flehen und Beten. Auch heute will Gott nach Seinem Wort tun: „Bessert nun euer Wesen und Wandel, so wird den Herrn auch gereuen das Übel, das er wider euch geredet hat" (Jer. 26,13).

So geht es um das eine: Daß wir in der Gemeinde Gottes den Ruf zur Buße endlich hören, weil darin alle Gnade für uns als einzelne wie als Gemeinschaft, als Volk angeboten ist. „Wache auf, der du schläfst", so ruft uns Jesus Christus heute zu. Sicherheit ist der Tod! Es hilft uns nicht, daß wir einmal lebendig waren, wenn wir heute tot sind und nicht in der Buße stehen über der Schuld in unserem oder in unseres Volkes Leben. Gott sagt durch den Propheten Hesekiel: „Wo sich der Gerechte kehrt von seiner Gerechtigkeit und tut Böses..., soll aller seiner Gerechtigkeit, die er getan hat, nicht gedacht werden, sondern in seiner Sünde, die er getan hat, soll er sterben" (Hes. 18,24). Wenn es einst innerlich gut mit uns stand, doch jetzt nicht mehr, so gilt vor Gott nicht das Einst, sondern das Jetzt. Es hängt das Sein oder Nichtsein unseres Volkes davon ab, ob wir noch Buße tun, wo wir so vielfache Schuld auf uns geladen haben, und Gott uns vergelten wird nach unserem Tun. Es hängt unsere Ewigkeit davon ab, ob wir persönlich Buße tun, denn nur die zerbrochenen, demütigen Herzens sind, werden das Reich Gottes erben. Darum ist es entscheidend, sowohl für unsere Gemeinde als für jedes einzelne Glied am Leibe Christi, ob wir in der Buße stehen, ob wir ein reumütiges Herz haben.

Es hängt unsere Vollmacht in Gemeinde und Volk davon ab, ob wir in tiefer Reue und Buße stehen über unsere und unseres Volkes Schuld und aus dieser Reue heraus uns denen, die von dieser Schuld getroffen wurden, zu Füßen legen, aus bußfertigem Herzen nach Taten der Liebe verlangend. In der Vollmacht durch Buße wird die Gemeinde Licht und Salz sein. Denn wahre Reue und Buße trägt das Verlangen in sich, wiedergutzumachen da, wo ich schuldig wurde – denen wohlzutun und Liebe zu erweisen, die ich betrübt oder geschädigt habe. So hören wir von dem Gebot Gottes, daß, wo einer schuldig geworden war, er nicht nur das Schuldopfer zu bringen und zurückzuerstatten hatte, was er vielleicht gestohlen hatte, sondern den fünften Teil darüber geben sollte (3. Mose 5,16). Wenn das im Alten Bund schon erwartet wurde, wieviel mehr gilt das Gesetz, aus Reue und Buße vielfach wiedergutzumachen, wo ich schuldig wurde, für die neutestamentliche Gemeinde. Denn die Liebe, zu der Jesus uns erlöst hat und die Er darum in der Bergpredigt fordern kann, trägt das Verlangen in sich, ohne Maßen wohlzutun da, wo wir vorher an Menschen schuldig wurden.

Menschen, denen ihre Schuld wirklich leid ist, wird jedes Wohltundürfen bei denen, an denen sie schuldig wurden, ein Geschenk sein. Wieviel Gutes würde darum in der Gemeinde, in unserem Volk getan, wenn wir Menschen wären, die in der Reue und Buße stünden. Wieviel „Wiedergutmachung" im Sinne Jesu würde da geschehen und Wunden und Risse geheilt werden, so daß aus Sünde und Schuld noch viel Gutes käme! Denn wahre Reue und Buße sucht und liebt – nach Luther – die Strafe; aber erst recht sucht sie wiedergutzumachen, soviel es in unseren Möglichkeiten steht. So wirkt nichts so viel gute Früchte in unserem Leben wie ein reuevolles, bußfertiges Herz.

Darum ist Buße das Fundament, auf dem allein alles im Reich Gottes aufgebaut werden sollte, so daß es festen Grund hat und nicht, wenn das Unwetter kommt, unser geistliches Haus hinweggeschwemmt wird. All unser Arbeiten im Reich Gottes, das nicht auf diesem Fundament der Reue und Buße auferbaut ist, wird nicht ewig Bestand haben. Es wird keine wahre Frucht bringen. Daß uns deshalb die Buße wieder etwas Begehrenswertes würde, für uns als einzelne und für unsere Gemeinden, weil sie das Gnadenreichste ist und Heil für uns alle in ihr beschlossen liegt!

DER WEG ZUR BUSSE

Weil Buße das Leben und alle Glückseligkeit bringt, so gibt es nichts Wichtigeres, als den Weg zur Buße zu finden. Der erste Schritt auf dem Weg zur Buße ist die Erkenntnis, daß mir die Buße fehlt. Diese Erkenntnis ist grundlegend; denn es ist eine Tatsache, daß uns seit dem Sündenfall nichts so sehr fehlt wie dies eine: die Buße. Darüber klagen alle Propheten und klagt Gott bei Seinem Volk; darüber klagt Johannes der Täufer und dann Jesus selbst: „Wenn du doch erkenntest zu dieser deiner Zeit, was zu deinem Frieden dient..." (Luk. 19,42). Wir sind stumpf und unempfindsam gegen unsere Sünde, und sie erschüttert uns meist sehr wenig. Eher weinen wir darüber, was uns angetan ist, welche schweren Wege wir geführt werden. Wir weinen über unser Leid, unsere Kümmernisse und Enttäuschungen. Das tut jeder von uns aus seiner menschlichen Veranlagung heraus. Doch zur Reue und Buße, zum Weinen über die Sünde kommt nicht jeder, weil es kein natürlicher Vorgang ist. Denn unser Herz findet sich meist ganz richtig und sieht keinen Grund dazu, über sich zu weinen. Wir sind von Natur sicher und unbußfertig, suchen die Schuld bei den anderen oder klagen letztlich Gott ob unverständlicher Wege an.

Ist dieser erste Schritt nun geschehen, daß ich wenigstens erkenne: Die Buße fehlt mir, – so werde ich jedoch dann zu einer zweiten Erkenntnis kommen, nämlich daß ich mir Buße nicht selbst geben kann, weil keiner sein hartes Herz umzuwandeln vermag, daß es weich und zerbrochen werde und weinen kann über seine Sünde. Es muß darum ein Gnadengeschenk, ein Geschenk vom Himmel sein, wenn das in uns gewirkt werden soll, weil uns dazu eben jegliche Voraussetzung fehlt.

Doch nun heißt es bei diesem Erkennen, daß mir einmal die Buße fehlt und ich sie mir als zweites nicht selbst geben kann, nicht stehenbleiben, sondern mit dem Blick des Glaubens auf Gott schauen, der allmächtig ist. Denn wir haben einen Gott, der da Wunder tut, und das ist unser Trost. Gott will Wunder tun und spricht: „Sollte mir etwas unmöglich sein!" Es ist Ihm Freude, schöpferisch durch das Wirken Seines heiligen Geistes in unserem Herzen etwas werden zu lassen, was von Natur nicht da ist. Es gereicht zur Ehre Seines Namens, daß Er solche Wunderwerke vollbringen und härteste Herzen schmelzen kann.

Unser Herr Jesus Christus ist gekommen, die Härte und Selbstgerechtigkeit unseres Wesens zu zerbrechen und unser Herz gedemütigt und weich zu machen, so daß es wieder weinen kann ob seiner Sünde. Da Jesus Satans Macht zerstört hat, hat Er auch unsere Unbußfertigkeit, Blindheit über unsere Sünden und Herzenshärtigkeit, in die uns der Feind verstrickt hat, zerstört und uns das Weinen über unsere Sünden erworben. Und darum ist Hoffnung für uns, daß wir zu bußfertigen Menschen werden, die nicht nur die Tränen über eigenes Leid kennen, sondern die von echten Reuetränen zu sagen wissen um des Leidens willen, das unsere Sünde Gott und Menschen gebracht hat. So ist Jesu Ruf „Tut Buße!" zugleich eine Versprechung, denn Er fordert ja nichts, es sei denn, daß Er es zuvor gibt. Und in Seinem Opfer auf Golgatha hat Er alle Mächte, die uns daran hindern können, zur Buße zu kommen, hinweggebracht.
Wenn wir also in Verzagtheit steckenbleiben ob unserer mangelnden Buße und uns entschuldigen, wir hätten es nicht in der Hand, zu einem reuevollen Herzen zu gelangen, da Buße nur als ein Wunder durch den Heiligen Geist gewirkt werden könnte, so kommt das aus unserem verdunkelten Denken, hinter dem der Feind steht. Weil er für alles eine Entschuldigung haben will, macht er letztlich Gott verantwortlich, wenn die

Gnaden und Geschenke Gottes, die Reue und Buße, nicht in unserem Leben Eingang finden. Doch nie sind wir entschuldbar, wenn uns die Buße fehlt, weil Gott uns ja einen Weg gezeigt hat, auf dem wir sie erlangen können, nachdem sie uns von Jesus erworben: den Weg des Gebets im Glauben an den Sieg Jesu. Gerade wenn man sein hartes Herz erkennt und die völlige Unmöglichkeit, von sich aus zur Buße zu gelangen, kann man um so flehentlicher darum bitten. Die Bitte um Reue und Buße fällt unter die Zusage Jesu: „Alles, was ihr in meinem Namen bitten werdet, das wird euch gegeben." Ja, dies Gebet um Reue und Buße ist ein Gebet im Namen Jesu, denn Jesus ist gekommen, uns zu erlösen von unserer Unbußfertigkeit und Selbstgerechtigkeit. Jesus ist gekommen, daß wir wieder zu reumütigen Sündern werden, die heimkehren zum Vater wie der verlorene Sohn. Darum wird keiner zuschanden, der mit dieser Bitte zu Gott kommt und auf Seine Hilfe harrt.

Dies Gebet trägt die Gewißheit der Erhörung in sich. Wenn ich täglich bitte: Herr, schenke mir die Gnade der Reue und Buße, schenke mir das zerbrochene Herz und einen gedemütigten Geist, erleuchte Du meine Augen, bei mir den „Balken" zu sehen und in Wahrheit meine Sünde gegen Gott und Menschen zu erkennen, – so wird Gott mich erhören und mir die Augen öffnen, daß ich den Abgrund meiner Sünde sehe, daß ich schmerzlich erkenne, was ich Gott und Menschen angetan habe. Dann werde ich auf einmal, statt darüber zu weinen, was andere mir antun, darüber weinen, was ich anderen angetan habe. Das wird so sein, weil ich dann alles im Lichte der Wahrheit sehe und nicht mehr in dem Dämmerlicht des Feindes, der mir die Sünden der anderen riesengroß vor Augen stellte und meine eigene verdeckte, so daß ich sie nicht oder kaum in ihrer Größe erkannte.

So ist die Bitte, daß das Licht Gottes, das Licht der Wahrheit, in unser Leben, in unser Reden und Tun hineinfalle, eine wichtige Bitte. Denn unser Erkennen ist mit Finsternis umhüllt, ganz besonders, was die Erkenntnis über uns selbst angeht, weil der Feind alles Interesse daran hat, uns hier zu umnebeln, so daß wir nicht unsere Sünde erkennen und nicht zu solchen Sündern werden, die Buße tun und deren Leben voll göttlichen Lebens, Freude und Vollmacht sein wird. Doch seit Jesus gekommen ist, brauchen wir nicht mehr unter diesem Bann des Feindes zu stehen. Denn Jesus sagt: „Ich bin das Licht der Welt, wer mir nachfolgt, soll nicht in der Finsternis wandeln, sondern wird das Licht des Lebens haben", – das Licht der Wahrheit, das seinen Glanz wirft über unseren Weg, so daß wir erkennen, wo wir falsch wandeln.

Und doch ist es nicht genug, wenn ich Tag für Tag bitte, daß der Herr mir das Licht der Wahrheit schenke; es ist noch nicht genug, wenn ich täglich flehe, daß mir Reue geschenkt werde, – nein, es geht bei dem Weg der Buße auch darum, daß ich Tag für Tag mich dem Herrn zu Züchtigungen hingebe. Nur wenn ich auch täglich bete: Gott, mache mit mir, was Du willst, züchtige mich, auf daß Deine züchtigende Hand mich zerbreche und mir dann das gedemütigte, reuevolle Herz schenke, – wird Reue und Buße in mir gewirkt werden. Unter den Schlägen Gottes sind schon viele Menschen zur Reue und Buße gekommen, vielleicht mehr als durch Predigten, die zur Buße aufriefen. Wer sich also die Bußgnade ersehnt, muß außer dem Bitten um diese Gnade das Gebet der Hingabe zu allen Züchtigungen beten, auf daß diese an uns arbeiten können und erreichen, daß unser Herz weich und zerbrochen werde und Raum für die Buße gemacht wird. Buße fällt nicht gleich einem Gnadenregen vom Himmel, sie muß nicht nur erglaubt und erbeten sein, sondern sie wird auf dem Weg oft harter Züchtigungen und Leiden geschenkt. Aber es lohnt, sich zu diesem Weg hinzugeben, und wohl uns, wenn wir uns nicht davor scheuen, denn es kommt eine köstliche Frucht daraus.

Es ist unausdenkbar und kaum faßbar, was durch Reue und Buße an neuem, göttlichem Leben hervorbricht! Alle wahre Freude und Glückseligkeit in unserem Leben und all unsere Vollmacht im Wirken für das Reich Gottes hängen davon ab, ob wir unter der Gnade der Buße stehen, ob wir immer und immer wieder neu zu denen gehören, die über ihre Sünde weinen und sich unter ihre Schuld vor Gott und Menschen beugen können. Darum heißt es alles um dies eine geben, daß uns die Buße geschenkt werde, und nicht aufhören, zu bitten und zu flehen und sich zu den Züchtigungswegen hinzugeben, doch weiterhin klar ins Auge zu fassen, was die Haupthindernisse sind, die uns nicht zur Buße kommen lassen.

Ich bitte Dich, o Heilger Geist,
um Reue, Buße allermeist,
um diese größte Gnade.
Ach, mach mein Herze tränenschwer
ob meiner Sünden großem Heer,
daß ich im Staub mich beuge.

Ich bitte Dich, o Heilger Geist,
daß Du mein hartes Herz aufreißt,
daß es beginnt zu klagen,
zu klagen laut ob seiner Sünd,
die mir von Jesu Martern kündt,
der meine Sünd getragen.

Ich bitte Dich, o Heilger Geist,
der Du mir Sünder Beistand leist',
vertrittst mich durch Dein Seufzen.
Du siehst, mein Herz ist wie ein Stein;
ach, schenke mir, daß es nun wein,
bereue seine Sünden.

Ich bitte Dich, o Geist der Reu,
gib mir ein Herze, das ganz neu,
demütig, weich, zerbrochen,
das Gott und Mensch zu Füßen liegt,
weil zentnerschwer die Sünd ihm wiegt,
die's Herze hat zerbrochen.

Du wirst es tun, der Du verheißt
den Geist der Reue allermeist,
Jesus, der Sünder Heiland.
Mach mich zum Sünder, arm und klein,
daß ich begnadigt möge sein,
geliebt von Deinem Herzen.

DIE HAUPTHINDERNISSE, ZUR BUSSE ZU KOMMEN

KEINE BUSSE, WEIL SELBSTGERECHTIGKEIT UND HOCHMUT, EIN LETZTES NICHTWOLLEN BEI UNS

Das erste Haupthindernis, daß wir so schwer zur Buße kommen, ist unsere Selbstgerechtigkeit. Wir wissen: Es ist wirklich ein Wunder, wenn ein frommer Mensch in seinem Leben viel Reuetränen weint, in ständiger Reue und Buße steht, weil gerade für einen „frommen" Menschen die Gefahr der Selbstgerechtigkeit so groß ist. Darum geht es um eines: daß die Selbstgerechtigkeit entthront und zertrümmert werden muß, auf daß Jesus als Sünderheiland zu uns kommen kann, sei es zu einer Seele, zu einer Gemeinde oder zu einem Kreis.

Dieses Sichselbstrechtfertigen, das heißt seine Unschuld beteuern und damit letzten Endes Gott anklagen, ist das Erbe, das wir von Adam und Eva übernommen haben. So ist auch im zutiefst gefallenen Menschen und Verbrecher der Trieb, sich angesichts seiner bösesten Taten weißzuwaschen, seine Unschuld zu beteuern. Gefängnisseelsorger schreiben, daß es kaum so viele

Selbstgerechte auf einem Platz gäbe wie gerade bei den Gefangenen, die beteuern, daß sie eigentlich unschuldig und damit zu Unrecht im Gefängnis sitzen. Für alles haben wir eine Entschuldigung, und darum sehen wir keine Veranlassung, daß wir Buße tun und umkehren sollten, denn wenn wir eigentlich im Recht sind, uns mit Recht entschuldigen, das heißt die Schuld von uns abweisen können, warum sollten wir dann Buße tun?

Wehrten wir uns, wurden heftig oder ausfällig oder zornig, so entschuldigen wir uns, daß wir mit Recht so reagierten; denn wir waren nicht geachtet, waren schlecht behandelt worden, wir konnten uns nicht unser ganzes Leben wie einen Knecht behandeln lassen, wir mußten uns wehren. Und wenn wir noch so ausfällig oder zornig geworden waren und böse Worte gebraucht hatten, so waren wir ja die, die man gereizt, denen man Unrecht getan hatte. Was können wir auch dazu, daß wir zarte Nerven haben, so elend und deshalb leicht erregt sind? Selbst wenn einer in die Sünde des Ehebruchs gefallen ist, dann war das ja eine nie gewollte Tat. In einer Stunde hat sie ihn übereilt – er hat so heißes Blut, was konnte er dafür, daß Gott ihn so geschaffen hat? Wie kann er für solch eine Stunde einer im Grunde ungewollten Tat für sein ganzes Leben gerichtet oder sein Leben zerstört werden?

Oder wir waren in der Ehe gequält, unverstanden – nun schickte Gott in unser Leben einen Menschen, mit dem wir ein Herz und eine Seele sein konnten, der für uns wie von Gott geschaffen war. War es da Sünde, daß wir dem anderen Mann, der anderen Frau unser Herz zuneigten? Zum Schlimmsten kam es ja nicht! Oder wir sind verbittert, sind voller Neid und Haß, wenn Gott uns so unbegabt gemacht hat, wenn wir immer wieder das Mauerblümchen sind, es im Leben zu nichts bringen, weil wir keine Gaben haben, weil wir nicht glänzen können mit Klugheit, nicht mit Schönheit und Liebenswürdigkeit die Menschen gewinnen; ja, können wir da anders reagieren?

So könnten wir fortfahren und merken nicht, wen wir damit eigentlich anklagen und Ihm darum den Zutritt zu uns verwehren, daß Er als der Heiland und Seligmacher unser Leben voller Freude, Frieden und Glanz machte, nämlich Jesus selbst. Ihn klagen wir letztlich an, daß Er uns solch schwierige Natur oder schwache Nerven gegeben, uns so unbegabt gemacht hat, daß Er so schwere Strafen auf Zürnen, Erbittertsein (Matth. 5,22; Gal. 5,20-21), auf kleine Lügen, Ehebruch oder anderes setzt, wo wir uns doch in Nöten helfen mußten oder der Trieb unserer menschlichen Natur, die Er so geschaffen hat, zu stark war. Es ist heute nicht anders wie damals:

Jesus ist letzten Endes der Schuldige, Er wird von uns allen angeklagt, und wir sind die Unschuldigen, wenn wir auch Sünden und Bosheiten getan haben, die andere Menschenleben zerstörten. Durch all dies Entschuldigen, wie wir in dieses oder jenes hineingekommen sind oder aus Notzuständen so reden oder handeln mußten, sind wir blind geworden zu sehen, daß Sünde Sünde und Schuld Schuld ist und wir für Schuld verantwortlich sind.

Wie selbstgerecht unser Herz ist und daher, weil es sich selbst nicht anklagen will, Gott anklagt, das sehen wir an Äußerungen, die selbst in den sogenannten frommen Kreisen immer wieder über die Welt, Kriegsnöte und anderes Elend gemacht werden. Da hören wir dann die Worte: „Wie konnte Gott das zulassen? Wie konnte Gott zu all dem, was an Bösem auf Erden geschieht, an Grauenhaftem von Menschen angerichtet wurde, schweigen?" Und wiederum macht hier Selbstgerechtigkeit blind und taub, daß man nicht mehr hört, wie Gott gerade durch Kriegs- und alle anderen Nöte richtend redet, ja mächtig redet, wie solche Gerichte Sein letztes Liebeswerben um uns sind. Man sieht nicht mehr, wie Er mitten in Gerichten die, die zu Ihm kommen, auf Ihn hören und bereit sind, sich unter Seine Hand zu beugen, aber dann allein von Ihm Trost und Hilfe zu erwarten, überreich tröstet, wie Er

tatsächlich Hölle auf Erden in Gefangenenlagern und sonst durch Seine Gegenwart in Himmel verwandelt. Ja, so blind sind Selbstgerechte, daß sie andererseits nicht sehen, daß wir Menschen allein schuld sind an dem Elend auf der Welt, weil wir Gott nicht gehorchen wollen; denn wenn wir Gott gehorchten, nach Seinen Geboten lebten, müßte Er nicht also züchtigen und richten, wäre der Himmel auf Erden.
So betrüben wir heute wie damals, als unser Herr Jesus auf der Anklagebank saß auf dem Weg Seiner Passion, wiederum Sein Herz, wenn wir in solcher Selbstgerechtigkeit stehen, wenn wir uns oder unser Volk oder die Menschheit immer als eigentlich unschuldig hinstellen und Gott die Schuld geben, Gott, der nur Liebe ist, Jesus, der gestorben ist um unserer Sünde willen und wahrlich ein Heiland, Helfer und Seligmacher ist, zwar nur für die, die sich helfen lassen wollen, die als Kranke, Elende und Hilfsbedürftige zu Ihm kommen.
Aber weil Jesus in Seiner unendlichen Liebe auf solche wartet, um ihnen die Hilfe zu bringen, darum ruft Er so nachdrücklich einst und heute Seinem Volk, nun auch dem neutestamentlichen Gottesvolk das Wort zu: „Tut Buße!" Mit diesem Wort stellt Er uns unmißverständlich klar vor Augen: Sünder seid ihr, schuldig seid ihr! Denn nur Sünder bedürfen der Umkehr, der

Buße. Wenn wir uns diesem Ruf in Wahrheit stellen, dann muß er uns überführen; denn „Tue Buße!" heißt auch, anders übersetzt (Menge): „Gehe in dich". Das bedeutet: Sieh, was bei dir nicht in Ordnung ist, wo bei dir die Schuld liegt. Gehe in dich, wo du schuldig geworden bist an deinen Brüdern, die du nicht getragen hast im Vergeben, nicht höher geachtet hast als dich selbst, die du nicht in Ehrerbietung behandelt hast, da du nicht geliebt mit einer Liebe, die alles trägt, alles duldet. Gehe in dich, wo du gesündigt hast gegen das achte Gebot und mit Ungünstiges und Nachteiliges über den anderen geredet und weitergesagt hast, vielleicht ohne klar zu wissen, ob es stimmt. Gehe in dich, wieweit du dich der Welt angeglichen und die Wahrheit nicht mehr ernst genommen hast. Gehe in dich, ob du noch auf dem Weg Jesu bist, dem Weg des Kreuztragens und Opferns. Ja, gehe in dich, so ist das Wort „Tue Buße!" in dem Sendschreiben an Laodicea gemeint. Das ist der Ruf, der vom Herrn wie eine Posaune ausgeht in Seine Gemeinde hinein, in der weithin Sicherheit und Lauheit herrschen, man sich entweder mit einer formalen Gesetzeserfüllung beruhigt oder von billiger Gnade lebt und sich entschuldigt.

Jesus aber erklärt jedem Sichentschuldigen den Krieg und stellt es unter Sein Gericht – das schärfste Gericht, das Er immer den Selbstge-

rechten, wie es zu Seiner Zeit die Pharisäer waren, androht. Ja, obwohl diese ganz in Gottes Wort lebten, es scheinbar so ernst nahmen, für die rechte Lehre eiferten, so viel beteten, standen sie unter Seinem „Wehe" und war ihnen dennoch das Himmelreich verschlossen. Auch für sie war das Angebot der Gnade dagewesen, war Jesus als der Heiland gekommen. Doch sie schlossen sich aus, weil sie die Bußpredigt nicht annahmen, sich ihre Selbstgerechtigkeit nicht rauben ließen. Während das Volk sich unter der Predigt Johannes des Täufers voller Reue beugte, ließen sie sich nicht zur Buße rufen, lehnten sie ab, fanden sie übertrieben. Vielleicht sagten sie wie manche heute: Das ist Seelenkneterei, das ist psychologisches Wühlen – und dennoch, Gott spricht anders. Unsere Seligkeit hängt davon ab, ob wir uns diesem Ruf zur Buße stellen, denn nicht die Erkenntnis von Jesus wird uns einst den Himmel auftun, sondern daß wir wahrhaftig als Sünder mit zerbrochenem Herzen vor Ihm liegen und immer neu so zu Seinem Kreuz kommen.
Unsere – ob theologischen oder psychologischen – Einwände haben meistens die eine Wurzel: Es ist der Hochmut, um dessentwillen wir die Botschaft der Buße ablehnen. Denn Buße tun heißt sich demütigen vor Gott und Menschen, umkehren, wiedergutmachen. Damit bekennt

man: Mein bisheriger Weg war falsch – und das ist demütigend. Keine Sünde sitzt so fest in unserem Herzen und gerade im Herzen der Frommen, die Jesus als ihren Erlöser bekennen, wie die des Hochmuts. Wird uns gesagt, daß wir langsam oder daß wir zu schnell und heftig wären, gleich wehrt sich etwas in unserem hochmütigen Sinn, gleich kommen die Entschuldigungen: Weil man gründlich ist, darum arbeitet man langsam, oder weil man so intensiv ist, ist man so hastig und voller Hetze, weil man einem anderen etwas eindrücklich sagen muß, darum ist man so heftig. Wie schnell lehnt man Urteile von Menschen ab und wirft die Schuld auf den anderen, der immer etwas bei uns auszusetzen hat, immer an uns herumkritisiert, dem man nichts recht machen kann, der uns nicht versteht. Doch wenn man sich nichts sagen lassen kann, so ist man hochmütig. Der Demütige läßt sich sagen, er hat den Mut, die Wahrheit über sich zu hören und zuzugeben: Ja, so ist es, hier muß ich umkehren, hier müßte bei mir etwas anders werden in kleinen oder größeren Dingen.

Jesus nennt dieses Entschuldigen „den Balken bei dem Bruder sehen und den Splitter bei sich", denn indem ich mich entschuldige, mache ich meine Schuld klein und klage den anderen an, daß er mir zu Unrecht etwas vorgeworfen hat. In seinem Hochmut entschuldigt sich der Mensch also ständig und findet, da er nicht zur Reue kommt, auch nicht zur Umkehr. Dann wird ihm die nicht zugegebene Sünde den Eingang zu Jesus versperren. Nicht die Sünde an und für sich, aber unbereute, nicht bekannte Sünde, Sünde, für die man nicht Buße getan hat, scheidet uns von Gott, läßt drüben ein Gericht auf uns warten.

Ach daß wir die Stimme eines Menschen, der uns zurechtweist, im Kleinen und Großen, als Gottes Stimme vernähmen, die uns zur Buße leiten will! Wie sollen wir sie anders vernehmen als durch Gottes Werkzeuge, durch den, der uns zur Seite gesetzt ist, der unser Verhalten sieht und kennt und uns ermahnt? Wenn wir darum die Stimme derer, die uns zurechtweisen, nicht als Gottes Stimme annehmen und sie abweisen, werden wir wenig Reuetränen kennen und wird unser Leben keine tägliche Reue und Buße sein. Und doch wäre das selbstverständlich, wenn unser Bekenntnis, besonders als Lutheraner, wahr wäre, daß wir Sünder sind und bleiben, daß wir täglich sündigen, also auch täglich in Reue kommen und täglich umkehren müßten. Unser ganzes Christsein ist damit voller Heuchelei, wenn die Reue fehlt, und es stimmt hier an entscheidendem Punkt etwas nicht.

Wenn ich mich zu der Lehre „allzumal Sünder" bekenne, gehört dazu die tägliche Reue und Buße. Dabei ist das Wort von der täglichen Reue und Buße nicht gesetzlich zu nehmen, – an einem Tag ist die Reue stärker in unserem Herzen, da werden wir mehr unserer Sünde überführt, am anderen Tag gibt der Herr aus der Vergebung heraus besondere Gemeinschaft Seiner Liebe und die Freude in Ihm, die Buße ist mehr unbewußt im Hintergrund; aber dies müßte doch das Durchgängige sein, daß unser Leben gekennzeichnet ist von einer immer neuen Reue und Buße.

An erster Stelle müßte also nun bei den Gläubigen die Buße über unsere Selbstsicherheit, über dieses Sichentschuldigen stehen. Wir müßten im Alltagsleben anfangen, wenn unser Nächster uns irgend etwas vorwirft, es zuzugeben oder da, wo unser Gewissen uns leise mahnt, uns dem zu stellen und es nicht sofort mit allen Entschuldigungsgründen gewaltsam zum Schweigen zu bringen. Ja, wir müßten geradezu eine Feindschaft jederlei Selbstmitleid und Entschuldigen ansagen, denn dies führt uns, wie der Herr Jesus immer wieder in den Evangelien sagt, geradewegs in die Hölle. Über jedes entschuldigende Wort, über jeden feinsten entschuldigenden Gedanken sollten wir anfangen Buße zu tun, das heißt in uns zu gehen, umzukehren, uns davon abzuwenden! Dann kann uns der Herr auf unsere Bitten um Seiner vollbrachten Erlösung willen, die uns von diesem Geist der Selbstgerechtigkeit erlöst hat, davon frei machen und uns immer mehr ein zerbrochenes Sünderherz geben, dem das Himmelreich offensteht. So wird unser Herz voller Freude, Leben und Liebe werden.

KEINE BUSSE, WEIL WIR DAS RUFEN GOTTES ZUR BUSSE IN ALLEN ZÜCHTIGUNGEN NICHT ERKENNEN

Wo liegt nun weiter der Grund, daß wir „Frommen" so schlecht den Weg zur Buße finden? Neben unserer Selbstgerechtigkeit gibt es da noch einen anderen, besonderen Grund: Wir sind nicht mehr gewöhnt, alles Geschehen unseres Lebens, gerade auch alle Nöte, im Zusammenhang mit Gottes Willen zu sehen und als Sein Reden zu erkennen. Gott ist uns nicht mehr der Lebendige, so daß wir uns nicht denken können, daß kein Haar ohne Seinen Willen von unserem Haupt fällt, daß also das kleinste Geschehen unmittelbar mit Seiner Willenseinwirkung zu tun hätte.

Und doch ist es so, wie die Heilige Schrift sagt: Wenn Gott uns züchtigt, wenn Er in unser Leben durch Nöte und Leid eingreift, tut Er es deswegen, auf daß wir Seiner Heiligung teilhaftig werden (Hebr. 12,10). Das heißt, wo Er uns in eine Züchtigung, in ein Leid führt, rügt Er etwas bei uns, das Er hinwegbringen, von dem Er uns läutern will. Hinter allen leidvollen Wegen steht so die züchtigende Hand Gottes, steht Sein Plan der Liebe mit uns, daß Er uns zurechtbringen will. Und Er redet mit uns dadurch: Dies oder das soll anders in unserem Leben werden. Darum führt Er uns in Einsamkeit und nimmt uns Menschen, weil wir uns vielleicht zu sehr an einen Menschen und an seine Liebe gebunden haben, – auf jeden Fall, weil der Herr sich darnach sehnt, anders im Mittelpunkt unserer Liebe zu stehen. Oder darum läßt Er uns krank werden, auf daß wir endlich anfangen, uns mehr mit Ihm zu beschäftigen und unser Leben vor Sein Angesicht zu stellen und zur Buße zu kommen, – oder auf daß wir Geduld lernen.

Ja, es ist ganz gleich, ob es Strafen oder mehr Läuterungs- und Verklärungsleiden sind, immer will der Herr doch an unserem sündigen Wesen arbeiten. Fürsorgend ist Er darauf bedacht, uns wie ein wahrer Vater zu erziehen und zu verwandeln in Sein Bild, woran Er unser ganzes Leben lang arbeitet. Der Apostel Paulus sagt im Römerbrief, Kapitel 8, daß wir dazu berufen und von Jesus erlöst sind, daß wir gleichgestaltet werden dem Bilde des Sohnes Gottes.

Darum ist Jesus auf Erden gekommen, darum allein ist Er in den Tod gegangen, auf daß wir teilhaftig würden der göttlichen Natur, den Adel des Bildes Gottes wiederempfangen. Aber darum kann Er von uns, wenn Er züchtigt, auch die Antwort verlangen, daß wir in Wahrheit zugeben: Dieses Bild tragen wir noch nicht, – und Er wird es uns zeigen, wenn wir darum bitten, wo wir es noch nicht tragen. Dann wartet Er auf die Reue und daß es uns leid ist, solch ein verunstaltetes Bild als Kinder dieses Gottes auszustrahlen, Ihm so viel Kummer und auch unserem Nächsten so viel Not zu machen.

Ach, daß uns das ins Herz gehen möchte, wie sehnlich der Herr auf diese Antwort der Reue und Buße wartet! Wenn sie da ist, dann kann Er schnell an uns handeln, uns zubereiten und verklären; dann gereicht uns Seine Züchtigung zur Heiligung, wie die Schrift sagt (Hebr. 12,10). Doch wenn wir Ihm widerstehen und nicht zur Reue kommen bei leidvollen Wegen, sondern sogar vielleicht in Anklage gegen Gott bleiben, daß Er uns so schwere Wege führt, dann verbauen wir uns selber die Gnade, im Leiden in Sein Bild verklärt und so überreich gesegnet zu werden. Denn Gott betrübt und straft uns nicht „von Herzen", sondern nur, um etwas an uns zu erreichen. Aber wie schwer machen wir Ihm das durch unser Widerstehen, indem wir uns nicht beugen wollen, daß uns solches zukommt, sondern so oft sagen: Womit habe ich das gerade verdient? Es ist doch meist bei uns so, wenn der Herr in unser Leben Leiden schickt, daß wir uns als Märtyrer vorkommen, die zu bedauern sind, weil sie so viel zu leiden haben, in so vielen Kümmernissen und Nöten stehen. Besonders wenn es Menschen sind, unter denen wir zu leiden haben. Wir kommen dann in Bedrückung und Trübsinn, denn wir fühlen uns ja als die Unschuldigen und zu Unrecht im Leiden, wollen uns nicht darunter beugen. Ja, das Leiden durch Menschen, die uns das Leben schwer machen, bringt uns oft Bitterkeit ins Herz und führt uns in Selbstmitleid. Wir bohren uns in dieses Märtyrertum, in unser Selbstmitleid immer tiefer hinein und werden immer dunkler, unzufriedener und unglücklicher.

So sind wir wie gefangen in unserer Not, auch in den größeren Nöten, wenn Gott uns schwere Wege der Leiden und Züchtigungen führt, und verstehen nicht den eigentlichen Zweck Gottes, der dahintersteht. Vielleicht ist dann das Höchste bei uns „Frommen", daß wir Ihn nicht mehr anklagen, sondern sprechen: „Gott will es" und schließlich ein Ja dazu haben. Doch auch die Mohammedaner sprechen: „Allah will es", – aber sie wissen von einem nicht: daß Gott ein Vater ist, der uns als Seine Kinder erzieht. So züchtigt und straft Er uns, weil Er darauf wartet, daß uns etwas leid tut, wie ein Vater durch Züchtigung bei seinem Kinde erreichen will, daß es darüber weint, wo es ihn oder seine Geschwister betrübt hat, und von diesem Weg umkehrt.

Da liegt also die große Not bei uns „Frommen": Wir sind nicht mehr gewöhnt, in den Züchtigungen Gottes Hand zu sehen, die an uns persönlich handelt, weil wir Gott so wenig als Vater sehen. Wir haben diesen Blick ganz verloren in den Züchtigungen Sein Reden und Sein Warten auf Buße zu erkennen. Aus diesen Gründen kommen wir so wenig im alltäglichen Leben zur Reue und Buße, wohin uns doch die Züchtigungen Gottes führen wollen. Wir kennen nur Bußetun, wo irgendwie eine grobe Sünde vorliegt. Doch die findet man bei den „Frommen" selten, wenigstens meinen wir es. Und die schlimmste Sünde, die wir an uns haben, über die Gott Sein scharfes, richtendes Wort spricht, nämlich das Richten und andere Verurteilen und Sichüberheben über andere, die nehmen wir nicht als grobe Sünde; infolgedessen fühlen wir uns gar nicht veranlaßt, in Buße hineingeführt zu werden. Gerade das Gezüchtigtwerden sollte uns aber helfen, vor der Heiligkeit Gottes Sünde – besonders die verharmloste – als Sünde ernst zu nehmen.

Die Heilige Schrift sieht einen Zusammenhang zwischen unserer Sünde und dem, woran wir gezüchtigt und gestraft werden. Immer wieder klingt es durch, wie es in Weisheit 11,16 steht: „Womit jemand sündiget, damit wird er geplagt." Das ist Gesetz Gottes, dahinter Seine Heiligkeit und zugleich Sein Vaterherz stehen.

Wie das, was uns widerfährt, im Zusammenhang mit unserer Schuld steht, erlebten wir oft deutlich, besonders in der Zeit, als wir Mutterhaus und Kapelle unserer Schwesternschaft in Selbsthilfe erbauten. Wir erfuhren es manchmal in den kleinen Alltagsereignissen. Die Schwestern mußten eine Kipplore fahren, die mit Sand hochbeladen sehr schwer zu dirigieren war. Dabei war immer die eine Angst: Wehe, wenn sie aus den Schienen springt! Wer sollte sie dann wieder hineinbekommen, weil die Schwestern dazu kaum die Kraft hatten? Und siehe, an einem Tag sprang sie sechsmal aus den Schienen. Sollte das Zufall sein, wo kein Sperling vom Dach fällt ohne Gottes Willen? Sollte uns nicht jedes Geschehen etwas zu sagen haben? Und sollte nicht in dem, was uns Not ist – und das war wirklich eine Not im alltäglichen Arbeitsleben –, Gott reden, der doch der Lebendige und ein Vater ist, der sich um alles kümmert und durch alles reden will? Die leitende Schwester rief die Schwestern ins Gebetszelt, wo sie nun zusammen vor Gottes Angesicht traten und baten, der Herr möge ihnen zeigen, ob Er betrübt sei über sie und was der Anlaß sei, daß ihr ganzes Arbeiten umsonst sei und solche Not da wäre. Da kam heraus, als die Schwestern nun anfingen zu bekennen, daß sie gerade an diesem Morgen manch Böses an richtenden Gedanken gegeneinander im Herzen hatten; das hatte sich wie ein Bann auf die Arbeit gelegt. Nun gab es darüber Reue und ein

Sichversöhnen, man reichte sich von Herzen die Hände und ging wieder an die Arbeit – und siehe, die Lore sprang nicht mehr aus den Schienen.

Diese Geschichte, bei der es scheinbar um kleine, alltägliche Nöte ging, ist wichtig, weil unser Leben sich oft aus solchen zusammensetzt und wir doch auch darin die kleinen Züchtigungen Gottes sehen sollen, die uns zur Buße rufen. Ich denke daran, wie es uns in der Zeit unseres Bauens in Selbsthilfe weiter erging. Zuerst wollten wir auch nicht die Beziehung sehen zwischen dem Tun des lebendigen Gottes und den Geschehnissen, die den ganzen Aufbau des Hauses hinderten, wie zum Beispiel eine starke Regenperiode. Als es lange dauerte, wurde uns endlich der Zusammenhang zwischen diesem Tun Gottes und unserer Sünde deutlich, und wir ließen uns dadurch zur Umkehr rufen. Dann erfuhren wir die Gnade Gottes. Ebenso war es in anderen Fällen bei Frost oder Hitze, wenn Gott sie als Hemmschuh für unseren Bau gab.

Wir haben uns eben als moderne Menschen, deren Verstand sich über Gott setzt und zu hoch dünkt, in solch kleineren oder größeren Geschehnissen immer die Hand Gottes zu sehen, weitgehend über die Bibel erhoben, denn wir können in der Schrift lesen, wie Gott über diese Dinge anders denkt, daß eine Beziehung zwischen dem Wetter und dem Handeln Gottes an den Menschen besteht, etwa in 3. Mose 26,4; 5. Mose 11,14; 5. Mose 28,12 und 1. Könige 17,1. Ganz deutlich zeigt Amos 4,7, wie das Wetter ein persönliches Reden Gottes mit bestimmten Menschen sein kann: „Auch habe ich den Regen über euch verhalten, und ich ließ regnen über eine Stadt, und auf die andere ließ ich nicht regnen, ein Acker war beregnet, und der andere Acker, der nicht beregnet ward, verdorrte."

Wenn sich nun Gott solche Mühe und Arbeit mit uns macht, ja, Himmel und Erde in Bewegung setzt, um uns zur Reue und Buße zu bringen, sollten wir uns da nicht die blinden Augen öffnen lassen und eingehen auf Sein Reden? Daß wir doch alle Geschehnisse unseres Lebens, und besonders die leidvollen, dazu ausnützten, die Gnade der Reue zu erlangen und Gott die Antwort zu geben, auf die Er so sehnlich wartet! Denn wie kostbar ist Ihm eine Reueträne. Wahrlich, sie gilt Ihm mehr als hundert „gute Taten". Wo eine Seele voller Reue und Buße ist und mit einem zerbrochenen Herzen vor Gott liegt, da heißt es, daß Freude im Himmel ist. Wenn die Engel sich also freuen, wie wird dann erst recht unseres Herrn Jesu Herz voller Freude sein über solche Seelen und der Vater sie an Sein Herz ziehen! Zu denen neigt Er sich herab, mit denen kann Er große Taten tun, weil Er Seine Herrlichkeit auf dem Boden unseres Nichts aufbaut und ausstrahlen läßt, weil Er sich offenbart durch die Kleinen und Zerbrochenen und nicht durch die Hohen, die noch so viel richten und sich überheben können und es noch nicht einmal merken, in welcher Sünde sie stehen.

Nicht nur dem Herzen Gottes wird unsere Reue Freude bringen, da nun das erreicht ist, wozu Er uns die Züchtigungen schickt, sondern dann wird Freude auch über uns kommen können; dann wird Leid nicht mehr vernichtendes Leid bleiben, es wird Glückseligkeit in sich schließen. Dann wird mitten im Leid Hilfe dasein. Manche Züchtigungswege werden uns vielleicht erspart bleiben, wenn wir gleich auf Seine Stimme hören, und dann werden wir eher in solche Leidenswege geführt werden können, die nicht nur um unserer Sünde willen nötig sind, sondern bei denen wir priesterlich mit für andere leiden können, wie der Apostel Paulus schreibt: „... auf daß auch sie die Seligkeit erlangen" (2. Tim. 2,10).

Doch auch bei diesem Leiden, dem priesterlichen Leiden, von dem die Schrift uns immer wieder sagt, kann es keinen anderen Ausgangspunkt geben als die Reue, denn wenn ich mit für einen anderen leide und für seine Schuld, so kann ich es nur tun, indem ich als erstes weiß und darum leide, daß ich gesündigt habe und schuldig bin. Schuldlos und rein hat nur Jesus gelitten. Er ist allein das Opfer für unsere Sünde, wir können nur als Seine Glieder nun mit Ihm leiden und bitten, daß, wenn wir als Weizenkorn im Leiden uns in die Erde senken lassen, es Frucht bringen darf. Und Er ist darum für uns Sünder gestorben, auf daß wir nun auch das Leben lassen dürfen für die Brüder (1. Joh. 3,16).

KEINE BUSSE, WEIL WIR DEN MASSTAB DES WORTES GOTTES NICHT VERPFLICHTEND FÜR UNSER LEBEN NEHMEN

Sicherheit, Hochmut und ein Widerstreben, sich in Reue unter die Züchtigungen Gottes zu beugen, verhindern die Buße. Doch noch ein anderer Punkt in unserem Leben ist entscheidend, ob der Weg für die Buße bereitet oder versperrt wird. Es ist die Frage: Welchen Maßstab lege ich an mein Leben? Wenn wir uns mit dem Maßstab begnügen: Ich habe nicht getötet, nicht gestohlen, ich habe am gottesdienstlichen Leben teilgenommen, meine Gebete verrichtet und den Feiertag gehalten, – so wird es natürlich schwer sein, daß wir zur Reue und Buße kommen können. Doch wenn wir diesen Maßstab haben, dann sagt uns unser Herr Jesus wörtlich dazu: „Wenn es mit eurer Gerechtigkeit nicht weit besser bestellt ist als bei den Schriftgelehrten und Pharisäern (diese hielten die zehn Gebote und führten doch scheinbar ein gutes, frommes Leben), so werdet ihr nimmermehr ins Himmelreich eingehen" (Matth. 5,20).

Unser Herr Jesus legt also einen anderen Maßstab an, nämlich den, daß Er sagt: Wer seinem Bruder auch nur zürnt, der soll dem Gericht ver-

fallen sein. Er verlangt, wenn wir zum Gottesdienst gehen, daß wir es nur tun, nachdem wir uns zuvor mit dem Bruder versöhnt haben, aber nicht nur in dem Fall, daß wir an ihm schuldig wurden, sondern wenn wir nur schon davon hören, daß er etwas gegen uns hat, so daß also etwas zwischen uns und dem Bruder steht.
Welch hohen Maßstab legte Jesus damit an die Seinen: den Maßstab der Feindesliebe! Und wer wird dem gerecht? Wohl die meisten von uns haben mit Menschen zu tun, ob in der Familie, ob bei der Arbeit oder in der Nachbarschaft, die ihnen Not und Schwierigkeit machen, die sie ungerecht behandeln, ja, die sie vielleicht quälen. Wie reagieren wir da? Ist dann in uns die erbarmende Liebe, die Feindesliebe, oder haben wir richtende, rechtende, bittere Gedanken, Worte gegen diejenigen, die also an uns tun? Jesus bucht das alles als Schuld und sagt, dann sollen wir dem Gericht verfallen sein. Und Sein Wort ist wahr, denn wenn Er spricht: „Bis Himmel und Erde vergehen, wird vom Gesetz nicht ein einziger kleinster Buchstabe, kein Strichlein aufgehoben werden" (Matth. 5,18), so gelten wahrlich für die Hinausführung des Gesetzes Jesu in der Bergpredigt, das das Gesetz der Liebe, des Reiches Gottes ist, diese Worte ebenso.
Wer also nicht seinen eigenen Maßstab, sondern den des Wortes Gottes an sein Tun legt, der wird

ständig als ein Schuldiger dastehen und damit leicht zur Reue und Buße kommen. Da, wo ich als Sünder offenbar werde, der ich an dem Bruder – auch an dem, der mir feind ist, – schuldig geworden bin, nämlich schuldig an der Liebe, daß ich ihn nicht durch die erbarmende, demütige, tragende Liebe überwunden habe, habe ich Anlaß zur Reue, werde ich leicht zur Buße kommen. Wenn ich aber diesen Maßstab nicht habe, werde ich nicht den Zugang finden. Und wiederum, aus Reue und Buße wächst ja neues Leben, erwächst die Liebe, ja sogar die verschwenderische Liebe zu Jesus, die verschwenderische Liebe dann aber auch zu den Menschen, selbst zu den mir feindlichen, weil wir Jesus nicht lieben können, ohne auch in die Liebe zum Bruder zu kommen. So wird sie warm und strömend aufbrechen gegen jedermann, wenn in unseren Herzen die innerste Reue und Umkehr geschenkt ist darüber, daß wir so kalten, gleichgültigen Herzens sind, die Schwachen und Schwierigen nicht tragen konnten, – wenn uns so am Maßstab des Wortes Gottes die Augen über uns aufgegangen sind.

Darum müßte unser Bußetun anfangen darüber, daß wir Gottes Wort nicht mehr ernst nehmen und deshalb nicht zur Buße kommen, daß wir es wagen, uns eigene Maßstäbe zu setzen, und es uns dann genügt, wenn wir diese erfüllen.

Wir halten es genau wie die Pharisäer, daß wir äußerlich am frommen Leben teilnehmen, vielleicht sogar sehr eifrig. Dabei lassen wir uns daran genügen: Wir beten – ganz gleich, in welcher Form –, wir nehmen an Gottesdiensten und Bibelstunden teil, wir geben mehr oder weniger Kollekte oder unseren Zehnten, und wir haben uns geschieden von der Welt, wir tun dies und das nicht mehr. Also messen wir uns an unseren eigenen Maßstäben. Aber Gott wird uns einmal ganz allein nach Seinen Maßstäben messen, und da wird es keine Entschuldigung geben, wenn wir dann gerichtet werden, weil Er uns diese Maßstäbe klar, unmißverständlich klar in Seinem Wort kundgemacht hat.
Es ist also der Grund für die Unbußfertigkeit bei uns persönlich wie in den Gemeinden und Gemeinschaften oft der, daß wir nicht die Maßstäbe Gottes, Seines Wortes, an uns und unser Leben legen. So ist zum Beispiel der Maßstab: „Gebt, so wird euch gegeben, ein voll, gedrückt, gerüttelt und überfließend Maß" (Luk. 6,38) oder „die zweite Meile zu gehen" (Matth. 5,41) uns nicht verpflichtend. Nein, wir sichern uns nun auf unserem frommen Wege genauso, wie wir es in anderer Weise auf unseren weltlichen Wegen getan haben oder getan hätten. Davon zeugen die vielen Versicherungen, in denen die „Frommen" oft mehr sind als weltliche Leute. Statt zu geben für

Gottes Werk und Reich und da, wo Not ist, legen wir für uns soviel wie möglich zurück.
Darum trifft uns gar mächtig der Ruf Jesu ob des Mißachtens Seines Wortes, mit dem wir machen, was wir wollen, das wir umdeuten, bis es so ist, daß es uns paßt und sich hineinfügt in unser ungereinigtes Leben, so daß wir mit unserem Nächsten, mit unserem Geld, mit allem machen können, was uns beliebt. Weil wir nicht den wahren Maßstab der Schrift an unser Leben legen, darum sind wir so wenig erschüttert über unser Tun und Lassen, über unser Beten, unser Verhältnis zum Nächsten, bei dem alles nicht vom Gesetz der Liebe bestimmt ist, auch nicht über unseren losen Mund, der so viel Negatives, ja Richtendes über den anderen sagen kann.
So haben wir darüber Buße zu tun, daß wir so wenig in der Buße stehn. Darüber müssen wir Buße tun, daß in uns der pharisäische Geist lebt, von dem Johannes der Täufer den Pharisäern sagt: „Wer hat euch auf den Gedanken gebracht, dem drohenden Zorngericht zu entfliehen?" (Matth. 3,7), daß wir tatsächlich meinen, weil wir an Jesus Christus glauben, könnten wir dem Zorngericht entfliehen. Und wie die Pharisäer sagten: „Wir haben Abraham zum Vater", so sagen wir: „Unsere Kirche oder Gemeinschaft ist unsere Mutter, darin sind wir zuhause. Wir leben von der Gnade, und darum werden wir

dem drohenden Zorngericht entkommen." Über solche Worte und Gedanken haben wir Buße zu tun, denn sie bringen das Gericht. Johannes der Täufer bedrohte deswegen die Pharisäer mit dem Wort: „Ihr Schlangenbrut" und rief sie auf: „So schafft nun Früchte, die der Buße würdig sind" (Matth. 3,8).
Früchte der Umkehr, der Bekehrung, der Sinnesänderung – darauf wartet Gott, sonst ist uns, den Bäumen, die Axt an die Wurzel gelegt, denn „jeder Baum, der nicht gute Früchte bringt, wird abgehauen und ins Feuer geworfen". Und wer könnte in seinem Leben viel aufweisen von diesen Früchten des Geistes, die uns die Schrift nennt: Liebe, Freude, Friede, Geduld ... (Gal. 5,22)! Liegt auf unserem Angesicht der Glanz der Freude, daß wir Freudenbringer sind? Zeugt unser Leben und Wesen vom Frieden und nicht vom Streiten, das ja bei den Früchten des Fleisches, die unter dem Gericht stehen, genannt wird: Zank, Zerwürfnisse, Feindseligkeiten (Gal. 5,20)? Wer kann von der Frucht der Geduld sagen – auch in vielen Krankheitsnöten und bei schwierigen Menschen –, von der Frucht der Güte, daß wir immer nur das Gute im anderen sehen und eine Liebe haben, die der Sünden Menge zudeckt, statt sie herausholt und noch darüber redet? Wer kann von der Frucht der Sanftmut sprechen, von einem sanftmütigen, demütigen

Geist, statt heftigem Auffahren, Rechten und Zürnen; wer kann sagen, daß seinem Wesen die Freundlichkeit eigen ist?
Gegen solche Geistesfrüchte kann das Gesetz keine Anklage erheben, so schreibt der Apostel Paulus im Galaterbrief (5,23). Aber wo sie nicht sind, erhebt der Herr die Anklage, wie wir es bei den Früchten des Fleisches sehen, daß, „wer derartiges verübt, das Reich Gottes nicht ererben wird". Und das wird nicht der alttestamentlichen, sondern der neutestamentlichen Gemeinde gesagt, die an Jesus Christus glaubt. Ja, was nützt der Glaube, wenn er keine Früchte hat? Darum kommt es auf den rechten Maßstab an, den uns das Wort Gottes gibt, und der eine entscheidende Maßstab ist schon der: Wenn wir nicht in der Buße stehen, dann gilt uns als erstes das Wort: „Tut Buße!", denn das sollte unser Leben ausmachen.

DAS WARTEN GOTT-VATERS AUF DIE LIEBE SEINER KINDER, IHRE HEIMKEHR DURCH REUE UND BUSSE

Tut Buße! Ja, wahrlich nicht nur über die Übertretungen der Gebote Gottes in der Bergpredigt, sondern über die eine Hauptsünde, auf die nach dem Zeugnis der Schrift immer wieder die größte Strafe Gottes stand: die Sünde an Gott selber. Es ist die Sünde, daß wir Gottes Herz so viel beleidigen, betrüben und Ihn, der uns als erstes Gebot und Bitte gesagt hat, daß wir Ihn über alles lieben möchten, nicht lieben, das heißt an Ihm vorübergehen oder Ihn geteilten Herzens lieben.

Gott ist ein Vater, der nur Liebe ist und sich alles erdacht hat für Seine Menschenkinder: den Sonnenschein und Vogelsang, Bäume, Blumen und Felder, Berge und Seen, die Schönheit Himmels und der Erde, und Er wartet wie jeder irdische Vater auf die Antwort Seiner Kinder, daß sie sich daran freuen, Ihm danken und die Liebe zum Vater groß werde. Doch unser Vater, von dem wir geschaffen sind und der uns liebt mit unaussprechlicher Liebe, wartet umsonst. Wo wird Ihm der Dank, der Ruhm für alle Seine Güte gebracht?

Wahrlich, die Vögel singen ihre Loblieder, die Blumen blühen Ihm zur Freude, – doch wir Menschen, Seine Geschöpfe und Kinder, bleiben meist stumm, und selbst die, denen durch Jesus Christus ihre Kindschaft neu geschenkt wurde, wissen Ihm dennoch so wenig, so sehr wenig Dank zu bringen. Wie würden sonst ihre Angesichter anders leuchten, wenn sie über alles, was sie an großen und kleinen Freundlichkeiten und an Güte des Vaters in ihrem Leben erfahren, Ihm den Dank sagten, sich daran freuten und daran ihre Liebe zum Vater entzünden würden – bis dahin, daß sie ein Dach über ihrem Kopf haben, daß sie täglich den Tisch gedeckt bekommen, daß der Vater sich immer wieder Freude über Freude für Seine Menschenkinder erdenkt.

Doch durch welche Häuser, auch der Seinen, geht dieses Lobsingen und Preisen aus fröhlichem, dankbarem, liebendem Herzen zum Vater hin? Ja, tut Buße, kehrt um von eurer Undankbarkeit, ruft uns Gott zu, tut Buße, ruft uns Jesus zu, darüber, daß des Vaters Herz, das durch Seine Kinder erfreut werden sollte, von diesen betrübt wird und voll der Leiden ist, wie Er es in Seinem Wort des öfteren sagt: „Ich bin's müde zu leiden" (Jes. 1,14) – „Ihr habt mir Mühe und Arbeit gemacht mit euren Sünden" (Jes. 43,24).

Wer von den Seinen lebt in dieser einen Hingabe, den Vater aus Liebe zu Ihm erfreuen zu wollen und Ihm ständig Lob und Dank zu bringen, Ihm die Antwort zu geben auf all Seine Güte? Ja, laßt uns Buße tun, Buße über unsere Undankbarkeit, die etwas Schmähliches in sich trägt, wenn man alle Wohltaten wie einen Raub an sich reißt, ohne das Herz des Gebers zu beachten, das sich in Liebe solches erdacht hat, und Ihm die Antwort der Liebe und des Dankes dafür zu geben.

Ach, daß wir oft härter sind denn Steine, daß wir den betrüben, dem nicht danken und unsere Liebe schenken, der uns liebt, wie nie ein Mensch geliebt hat, der für uns geopfert hat, wie nie ein Mensch für uns opfert, und Sein Allerliebstes für uns nicht nur hergegeben hat, sondern in qualvollste Marter, in Leiden und Sterben gehen ließ!

Es beschämt uns, wenn wir einem Vater oder einer Mutter auf Erden, die uns innig geliebt, uns unsagbar viel Gutes getan und viele Opfer für uns gebracht haben, diese Liebe nicht beantworten, sondern solch ein liebendes Herz beständig betrüben und verwunden. Sollte es uns nicht schamrot machen und unser Herz zerbrechen, daß wir also unserem himmlischen Vater gegenüber handeln: Statt Seine Liebe und Opfer mit Dank und Liebe zu beantworten, stehen wir Ihm so kalt gegenüber und bringen Ihm, wenn Er uns als ein rechter Vater züchtigt, kein lieben-

des Vertrauen, sondern rebellisches Aufbegehren entgegen, das Ihn als von Seinen Kindern unendlich betrübt.
Es ist, als ob alle Steine, alle Felsen und Berge und alles in der Natur widerhallt von dem einen Ruf: Tut Buße, geht in euch! Erkennet, was ihr eurem Gott angetan! Kehrt um von euren Wegen, wo ihr gleichgültig zu Gott, der die Liebe ist, steht und Ihn nicht von ganzem Herzen liebt, Ihm nicht vertraut. Ja, tut Buße, kehrt um von diesem Verhalten Gott gegenüber, und das Himmelreich wird zu euch kommen, das Himmelreich, das da kommt, wo Gott geliebt wird, der die Mitte des Himmels ist. Dieser Himmel will anbrechen hier auf Erden, wo wir Menschenkinder Buße tun und umkehren von den Wegen, auf denen wir gegen die Liebe sündigen, – umkehren und anfangen, Gott zu lieben und Ihm unser Vertrauen, unseren Willen für jeden Weg zu schenken.
So ruft Jesus das Wort: „Tut Buße!" aus der Sehnsucht, aus dem Verlangen nach uns, nach unserer Liebe, der Hinneigung unseres Herzens zu Ihm. Ja, Er ruft: Kehrt um von den Wegen, auf denen ihr die Welt, die Menschen und euch liebt; kehrt um, indem ihr nun fortan Mich und den Vater liebt. Dann werden Wir zu euch kommen und Wohnung machen. Und das ist der Himmel, dann wird er nahegekommen sein. –

Bußruf ist Heilsruf Gottes, denn Umkehr ist Heimkehr zu Gott. Soviel Buße, soviel Heimkehr, soviel Schritte mehr in die Gemeinschaft, in die Vereinigung mit Gott und ein immer stärkeres Herabneigen des Himmels in unser Leben. Gibt es darum etwas Seligeres auf dieser Erde als die Gnade der Reue und Buße? Könnten wir uns nach etwas mehr ausstrecken als nach dieser Gnade?
Wenn Jesus Seine Evangeliumsbotschaft mit dem Wort: „Tut Buße!" begann, so liegt darin Sein Heils- und Liebesangebot, das Locken des Heilandes, so liegt aber auch hinter diesem Wort der Schmerz Gottes verborgen, daß Seine Kinder von Ihm abgewendet sind. Er muß sie heimrufen, darum ruft Er ihnen zu: Kehret um! Bekehrt euch zu Gott! Sie sind ferne von Ihm, sie haben kein Verhältnis mehr zu Ihm, wie Kinder doch sonst im Verhältnis des Vertrauens und der Liebe zum Vater stehen, – sie sind Ihm Fremde geworden. Sehnt sich ein Vater nicht nach seinen Kindern? Erwartet er nicht, daß sie heimkommen? Denn ein Vater ohne Kinder ist kein Vater, und ein Vater, dessen Kinder sich von ihm abgewandt haben und in die Fremde gegangen sind, ist ein Vater voller Schmerzen. So wahr Jesus weinte über Jerusalem, da Er hatte versammeln wollen Seine Küchlein wie eine Henne, weint des Vaters Herz heute ebenso, klagt und

seufzt über Seine Menschenkinder, die Er ruft und die nicht kommen; denn Gott ist der Dreieinige, ist ein Gott, ein Wesen und derselbe gestern, heute und in Ewigkeit.
Buße, Buße sollten wir darum tun da, wo wir nicht zu Gott gekommen sind, sondern uns an Kreaturen gehängt haben, an unseren Beruf, die Gaben und Güter dieser Welt, – und Einer hat auf uns gewartet, umsonst gewartet, und Sein Vaterherz war voller Schmerz. Als Er uns dann durch Züchtigungen heimrufen wollte, da stellten wir uns ablehnend gegen Ihn und Sein Tun und kehrten wiederum nicht zum Vater heim. Was soll Er uns noch tun? Wenn auf die Rufe zur Buße, wie wir sie in der Offenbarung lesen, wo dann alle Angebote des Evangeliums durch die Jahrtausende auf ihren Höhepunkt gekommen sind, keine Antwort erfolgt, wird der gerechte Zorn Gottes herniedergehen, weil es keinen anderen Weg mehr gibt, die Menschen heimzurufen.
Ach, wie schwer macht es die Menschheit ihrem Gott, Schöpfer und Vater! Aber wie schwer macht es Ihm besonders Seine Gemeinde, die ihren Vater in unserem Herrn Jesus Christus doch anders kennen sollte, indem sie auch so wenig umkehrt von ihren ichsüchtigen Wegen unter frommen Vorzeichen. Da trachtet man doch nach eigener Ehre, will seine Sache för-

dern, wenn man sagt, man streitet um die Sache des Reiches Gottes, und will sein Recht behaupten unter dem Vorwand, um die Wahrheit zu eifern. Wie blind sind die, die sich Seine Kinder nennen, daß sie noch immer wagen, ihre Götzen festzuhalten, und sich nicht der größten Sünde, Ihm ihre Liebe vorenthalten zu haben, überführen lassen.

Ja, wie lange muß hier Gott-Vater rufen: „Tut Buße!" Um Seines leidenden Vaterherzens willen, dessen so oft enttäuschte Liebe nur auf das eine wartet: auf das bußfertige Herz Seiner Kinder, so laßt uns doch „heute, so wir seine Stimme hören, unser Herz nicht verstocken".

BUSSE, DAS GEBOT DER STUNDE, DER RUF DER ENDZEIT

„Tut Buße!" war der Ruf Johannes des Täufers, der der Wegbereiter für Jesus war. Er kündete nur einen Weg, auf dem wir Jesus empfangen können, den Weg der Buße, wie geschrieben steht: „Bereitet den Weg des Herrn und macht seine Steige richtig ...! Was krumm ist, soll richtig werden, und was uneben ist, soll schlichter Weg werden" (Luk. 3,4-5). Nur wenn die Buße Bahn gemacht hat, die Höcker erniedrigt und die Steine weggeräumt hat, dann kann der Herr, der König kommen. Dann findet Er einen Weg, auf dem Er bei Seinen Menschenkindern einkehren kann. Johannes der Täufer zeigt uns also: Jesu Kommen fordert Wegbereiter, die in der Buße stehen. So war es einst bei dem ersten Kommen Jesu, so wird es auch bei Seinem zweiten sein, wie es uns die Schrift in vielerlei Weise sagt. Es heißt, daß vor dem Kommen Jesu in der Endzeit noch einmal Elia als Bußprediger auftreten wird (Mal. 3,23) und daß dann weiterhin in der Endzeit immer wieder der Bußruf durch die Menschheit ertönt, so durch die zwei Zeugen (Offb. 11,3-6).

Und Gericht wie Buße müssen anfangen bei Seiner Gemeinde. Am Ende der Zeiten steht dann Israel noch eine gewaltige Buße bevor, da es beim Erscheinen des Messias klagen wird, wenn es den erkennt, in den es gestochen. Doch wie soll es in die Buße kommen, wenn die Gemeinde nicht Wegbereiterin war, nicht in der Buße vorangegangen ist? Zu wem soll Jesus als wiederkommender Bräutigam kommen und ihn zu sich holen, wenn nicht zu denen, die in der Buße stehen? Ist Er doch damals zuerst zu denen gekommen, die – wie wir lesen – vorher Jünger des Johannes waren (Joh. 1,35-42) und in dieser Bußbewegung gestanden hatten. Diese hat Er sich als erste zu Seinen Jüngern gerufen. Er wird es bei Seinem Wiederkommen nicht anders machen.

Und darum ist jetzt in unserer Zeit die Verantwortung, ob der einzelne Gläubige, ob eine Gemeinde Buße tut, doppelt groß. Denn wir leben in der beginnenden Endzeit, in dem Atomzeitalter und zugleich in der Zeit der Erfüllung der Verheißung für Israel, da der Feigenbaum anfängt zu grünen, die Juden in das Land der Väter heimkehren, was die Schrift für die letzte Zeit verheißen hat. In dieser letzten Zeit wartet der Himmel, da wartet die ganze Erde auf die, die Buße tun und so Wegbereiter werden, daß endlich der Herr kommen kann, um Seine Gemein-

de zu erlösen und zu sich zu nehmen, daß endlich das lange Harren der Kreatur aufhöre, weil die Erlösten des Herrn heimgekehrt sind gen Zion, weil die Gemeinde Jesu zum Vollmaß gekommen ist.
Ja, die ganze Menschheit und Welt wartet auf solche, die Buße tun, denn was soll in diesem grauenhaften Zeitalter, das überschattet ist von der Drohung kommender Atomkriege, da die Waffe der Vernichtung schon erfunden ist, das Gebot der Stunde sein als allein: „Tut Buße!"? Sagt uns das Atomzeitalter doch eines: daß furchtbarste Gerichte vor der Tür stehen. Haben diese Kriege, die uns bedrohen, diese Gerichte, diese Geißeln, die damit über die Menschheit herniedergehen werden, nicht das Gesicht der Posaunengerichte? In Offenbarung 8 werden die Verheerungen in der Natur geschildert und wie durch solch einen Krieg gleich ein Drittel oder Viertel der Menschen umkommt. Nie hat man sich das vorstellen können, wenn man es in den Jahrhunderten vorher las. Jetzt weiß ein Kind, daß das nahegekommen ist. Ja, der Anfang, daß die Atomversuche die Natur schon verheerten, ist bereits da.
Darum: Noch nie sind solche Gerichte über die Erde gegangen wie die, die uns unmittelbar bevorstehen. Und war bei allen bisherigen Gerichten Gottes dies das eine Anliegen des Herrn,

daß Buße darauf folge, so wissen wir, daß jetzt, wo die schrecklichsten Gerichte vor der Tür stehen, dies Anliegen mächtiger geworden ist denn je. Ja, es ist heute von bezwingender Macht, geht es doch um die letzte Bereitung für den wiederkommenden Herrn. Das sehen wir aus der Offenbarung: Wenn ein Gerichtsschlag nach dem anderen in den Posaunengerichten der antichristlichen Zeit, den Zornesschalen, auf die Erde herniedergeht, dann steht dahinter immer die eine Frage Gottes: Wird Buße geschehen oder nicht? Wie oft aber heißt es: „Und sie taten dennoch nicht Buße" (Offb. 2,21; 9,20-21; 16,9 und 11). Ach, daß es von uns nicht so hieße! Denn wenn nun die Gerichte Gottes auf den Höhepunkt kommen, dann ist die Zeit da, wo die Buße der Gemeinde auf den Höhepunkt gekommen sein müßte, dann müßte in den Gemeinden eine einzige Bußbewegung sein. Wie soll Gott sonst Seine Gemeinde vor dem Zorn erretten, wer soll Seinem Zorn entfliehen? Wahrlich, die Heilige Schrift hat nur eine Aussage, wer dem Zorn Gottes entflieht: die, die zerbrochenen Herzens sind, die Buße tun. Und Jesus will, daß die Seinen dem Zorn entfliehen. Die Schrift sagt uns, daß die Seinen nicht in die grauenhafte Zeit des antichristlichen Regimes kommen sollen. Darum spricht Jesus von einem Entfliehen aus dem Furchtbaren, was geschehen wird. Er ruft in Lukas 21,36 auf, daß wir wach werden sollen, „auf daß wir würdig werden, zu entfliehen diesem allem, was geschehen soll, und zu stehen vor des Menschen Sohn".

Ja, wir sollen wach werden, Buße zu tun, umzukehren, auf daß wir dann diesen grauenhaften Gerichten wirklich entfliehen können. Wie geschieht das? Wenn wir uns in unserem persönlichen Leben und in unserer Gemeinde Tag für Tag richten lassen. Nur wer sich so dem Gericht stellt, Jesus als seinen Richter liebt und Ihm mit Seinem Gericht Raum läßt in seinem Leben, der wird Jesus dann empfangen können als den wiederkommenden Bräutigam (2. Thess. 1,7-10). Dagegen hören wir von den Menschen, die vorher nicht Jesus als ihren Richter gelten ließen, daß Er denen erscheint mit Seinem gewaltigen Zorn als das Lamm und sie Ihn so sehen müssen und aufschreien werden, daß doch Berge und Hügel über sie fallen möchten, um sie zu decken vor dem Zorn des Lammes (Offb. 6,16).

Endzeit ist Gerichtszeit, und in diese Endzeit gehen wir jetzt geradewegs hinein. Darum ist letzte Stunde, Buße zu tun, sich hier richten zu lassen, auf daß wir dann dem Gericht entgehen. Das wird die Gnade der Entrückung sein. Entrükkung heißt ja, entrückt zu werden dieser Welt, die gerichtsreif ist, und damit den Gerichten und hin zum Herrn gezogen zu werden (1. Thess. 4,16-18).

Es wird also nicht die ganze Gemeinde sein, die dessen teilhaftig wird, dazu betont die Schrift klar, daß „ohne Heiligung niemand den Herrn sehen kann". Wenn Jesus erscheint, offenbar wird als der Heilige in Seiner Majestät und Gotteswürde, kann niemand unmittelbar vor Sein Angesicht, an Seine Seite gestellt werden, er sei denn durchheiligt und verklärt in Jesu Bild, und solches geschieht eben nur auf den Wegen der Züchtigungen, wenn wir uns von Ihm richten lassen.

Darum, weil es letzte Stunde ist, ertönt dieser Ruf: „Tut Buße!" als vom Himmel her wie mit einer Posaune. Wer ist es, der diesen Ruf aufnimmt und weitergibt? Denn jetzt heißt es, daß die Gemeinde aufgerufen wird, auf daß auch noch Völker Buße tun, in der gesamten Menschheit etwas an Buße aufbricht und der Herr Seine Gerichte aufhalten und verringern kann. Gott sucht nicht nur um unseretwillen die Buße bei uns, auf daß wir als einzelne diesem Furchtbaren entfliehen, das kommen soll, sondern um unserer Verantwortung willen für unser Volk, für die Menschheit, die dem grauenhaften Untergang entgegengeht. Ahnen wir, wenn jetzt die Gnadenzeit, die Zeit der Geduld vorübergegangen ist und Gottes Zorn sich über die Welt entlädt, wie grauenhaft die Gerichte sein werden, wohl besonders über unser deutsches Volk, an dessen

Händen das Blut von sechs Millionen Juden klebt? Im selben Maß müßte unsere Buße sein, im selben Maß müßte ein großes Weinen und Klagen unter uns anbrechen.
Doch wir, die Gemeinde Gottes, sind es, die die Gerichte Gottes aufhäufen durch all die Zeiten unserer Unbußfertigkeit. Ach, daß wir in dieser letzten Zeit nicht darin verharrten! Waren es damals beim ersten Kommen Jesu die Pharisäer und viele der „Frommen", die sich nicht in ihrer Sicherheit stören lassen wollten und sagten: Warum muß Johannes der Täufer immer so einseitig nur auf dem einen herumreiten: Buße, Buße! – so ist es heute wieder so. Wenn man den Finger immer wieder auf dies „tut Buße" legt, denken viele, es ist fanatisches, einseitiges oder trübsinniges Christentum, es ist kein Evangelium. Und dennoch ist es biblisch, und dennoch ist es Evangelium, weil Reue und Buße uns Vergebung der Sünden bringen, uns selig machen – dies der einzige Weg ist, auf dem Jesus zu uns kommt und wir vom Gericht errettet werden. Darum ist es der Ruf der Stunde heute, denn welche Gnade wird dem widerfahren, der in der letzten Zeit in der Buße steht! Über den wird sich entsprechend der Fülle des Gerichtes, die dann über die Erde geht, die Fülle der Gnade entladen: Jesus, in den Wolken des Himmels wiederkommend in großer Herrlichkeit und Schöne,

wird ihn zu sich nehmen. Ja, in einem Nu wird er verwandelt werden: So gedemütigt und erniedrigt er in der Buße war, so hoch wird er jetzt erhöht. Und in dem Maß, wie er das Kleid der Buße, das graue Tränenkleid, getragen hat im Weinen über seine Sünde, wird er jetzt mit dem strahlenden Hochzeitskleid angetan und darf wie eine Sonne leuchten in den Himmeln (Matth. 13,43) und eingehen zum Hochzeitssaal.

Ja, Gericht und Buße sollten sich entsprechen. Aber dann entsprechen sich auch Buße und Begnadigung und Herrlichkeit, die unfaßbar sind. So ist der Ruf zur Buße Gottes Reden für die letzte Zeit, von dem in Seinem Wort gesagt ist: Selig ist der, der Sein Wort hört und darnach tut! (Offb. 1,3; 22,7) Seliggepriesen, wer auf diesen Ruf zur Buße als das Liebesangebot Gottes eingeht, hier schon etwas vom Kommen des Himmelreiches erfährt und dann bereitet ist für den Herrn, mit Ihm die Hochzeit des Lammes zu feiern. „Es spricht, der solches bezeugt: Ja, ich komme bald! Amen, ja komm, Herr Jesu!" (Offb. 22,20).

Lieber Herr Jesus,
ich bitte Dich um das größte Gnadengeschenk, das ich mir für mein Leben ersehne: Reue und Buße.
Sende mir aus Gnaden den Geist der Wahrheit, daß ich mich erkenne in Deinem Lichte und den Abgrund meiner Sünde sehe. Hilf mir dazu durch Dein Wort, daß es mich überführe als der Maßstab für mein Reden und Denken, Tun und Lassen, mein Arbeiten und Wirken, und bewahre mich davor, eigene, billige Maßstäbe anzulegen. Laß mir den Maßstab der Bergpredigt verpflichtend sein, auf daß ich mich in Deinem Lichte so sehe, wie Du mich siehst, auf daß ich mich selber so richte, wie Du mich einst richten würdest, wenn ich nicht Buße über meine Sünde getan hätte.
Gib mir durch Deinen Heiligen Geist ein Gemerk, in allem, was mir widerfährt, sonderlich in den Züchtigungen, Dein liebendes Mahnen zur Buße zu erkennen und willig darauf einzugehen.

So erhöre mein Gebet und schenke mir das zerbrochene Herz, das nicht in Selbstgerechtigkeit und Sicherheit verharrt, sondern das über seine Sünde immer wieder neu weinen kann und dann auch jauchzen über Deine Vergebung.
Ich danke Dir, daß Du ganz gewiß dieses Gebet um Reue und Buße erhörst, weil Du an nichts so viel Freude hast wie an einem Sünder, der Buße tut, und darum nichts so sehr begehrst von uns wie die Tränen der Reue. So will ich nicht auf mein hartes, unbußfertiges Herz sehen, sondern auf Dich, meinen Herrn Jesus Christus, der Du gekommen bist, alle Selbstgerechtigkeit und Härte zu zerbrechen, und uns in Deiner Erlösung das neue, weiche und demütige Herz erworben hast.
Laß mich ausharren im Glauben und im Bitten nicht müde werden, bis meine Härte geschmolzen ist und ich weinen kann über das, was ich Gott und meinen Mitmenschen angetan habe. Du wirst mir dieses Weinen über mein altes Wesen, über meine Härte und Unbarmherzigkeit, meine Lieblosigkeit, mein ungutes Reden über andere, meine Eifersucht und meinen Neid, meine Unwahrhaftigkeit, mein Hängen an Menschen und Gütern dieser Erde schenken und mich zur ganzen Umkehr führen.
Ich danke Dir, o Herre Gott, daß Du dem rufst, was noch nicht in mir ist, nämlich der Buße, daß

sie komme, auf daß mein ganzes Leben neu werde und aus der Buße göttliches Leben und Liebe zu Dir erwachse. Laß mich so durch ein erlöstes, glückliches Leben eines begnadigten Sünders Dich hier auf Erden preisen und bereit werden, wenn Du wiederkommst, in Herrlichkeit mit Dir einzugehen zur Hochzeit des Lammes.

Amen.

Ergänzend zum Thema dieses Buches erschienen im gleichen Verlag von M. Basilea Schlink:

SO WIRD MAN ANDERS

„Gleichsam ein ‚Nachschlagewerk' zur Bewältigung persönlicher Nöte im Glaubensleben. Sündenkrankheiten werden konkret beim Namen genannt und seelsorgerlich behandelt mit der bewährten ‚Medizin' des Wortes Gottes. Gewachsen aus der Seelsorge für die Seelsorge – vor allem an der eigenen Seele." Wort und Tat, Kassel

51. Tsd. 304 Seiten Kt

PATMOS – DA DER HIMMEL OFFEN WAR

Die Offenbarung des Johannes wird lebendig in den Geschehnissen unserer Zeit

„Mutter Basileas Buch gibt uns eine ganz neue Perspektive der Zeit, in der wir leben, und der Zukunft, die uns erwartet. Es ist ein gewaltiges Buch, das alle Selbstgefälligkeit zerschmettert und eine ungeheure Freude und Hoffnung hervorruft." The Bookstore Journal, USA

30. Tsd. 136 Seiten Kt

IM NAMEN JESU IST DIE MACHT

Gebete und Lieder für den Kampf des Glaubens

„Viele Male ist mir durch dies Büchlein geholfen worden, wenn ich im Vertrauen bete, Jesu Sieg glaube und mich fest an Seine befreiende Macht halte." Leserstimme

30. Tsd. 48 Seiten Gh

GEWISSENSSPIEGEL

Hilfe zur täglichen Gewissenserforschung

106. Tsd. 36 Seiten geh.